20世纪中国教育家画传

主编：储朝晖

CAI YUANPEI HUAZHUAN

蔡元培画传

金林祥　著

四川教育出版社

图书在版编目（CIP）数据

蔡元培画传 / 金林祥著. —成都：四川教育出版社，2012.11
（20世纪中国教育家画传 / 储朝晖主编）
ISBN 978-7-5408-6161-2

Ⅰ.①蔡… Ⅱ.①金… Ⅲ.① 蔡元培（1868~1940）–传记–画
册 Ⅳ.①K825.46–64

中国版本图书馆CIP数据核字（2012）第188818号

责任编辑　　赵　文　赵　华　郑晓韵
封面设计　　何一兵
版式设计　　王　凌　张　涛
责任校对　　左倚丽
责任印制　　田东洋
出版发行　　四川教育出版社
地　　　址　四川省成都市锦江区三色路266号
邮政编码　　610023
网　　　址　www.chuanjiaoshe.com
印　　刷　　北京市兆成印刷有限责任公司
制　　作　　四川胜翔数码印务设计有限公司
版　　次　　2012年11月第1版
印　　次　　2022年4月第4次印刷
成品规格　　170mm×230mm
印　　张　　14.25
书　　号　　ISBN 978-7-5408-6161-2
定　　价　　45.00元

如发现印装质量问题，请与本社调换。电话：（028）86259359
营销电话：15208205647　　　邮购电话：（028）86259605
编辑部电话：15884467278

总 序

2007年3月5日，温家宝总理在第十届全国人大第五次会议的《政府工作报告》中郑重宣布：要提倡教育家办学。这个问题的提出显示出中国急需教育家却又缺少教育家。《国家中长期教育改革和发展规划纲要（2010～2020年）》更明确提出："造就一批教育家，倡导教育家办学。"

然而，现今即使是专门从事教育工作的人，对怎样才是真正的教育家却也没有清晰的认识。为解决这一问题，中央教育科学研究所研究员储朝晖与时任四川教育出版社社长安庆国在编写一套《20世纪中国教育家画传》丛书的想法上不谋而合，这对传承、传播中国20世纪教育家的办学理念，弘扬其教育精神和优秀思想，促进教育家办学的早日全面实现十分有益，也十分必要。

这套丛书所选择的十位传主是经过教育史专业的学者海选而产生的，他们是王国维、蔡元培、陶行知、张伯苓、胡适、梅贻琦、黄炎培、徐特立、陈鹤琴、晏阳初，我认为他们确实代表了20世纪对中国教育有巨大影响的教育家群体。

这套丛书突出传主的教育思想、办学理念、办学实践，尤其凸显传主的教育家精神；强调以史料为依据，对传主的教育贡献作客观评价，实事求是，还原历史，避免主观，不做有意拔高；全书插入大量珍贵历史图片，以图文并茂的方式呈现历史画卷，使得丛书具有了较高的学术价值、收藏价值以及观赏性和可读性。同时，丛书主编精心挑选各位传主研究方面的专家担任各分册作者，较好地保证了整套丛书的编写深度和质量。其中黄延复研究梅贻琦、宋恩荣研究晏阳初、梁吉生研究张伯苓、戴永增研究徐特立、金林祥研究蔡元培、储朝晖研究陶行知都有二十多年了。我与储朝晖第一次见面是在1988年，他拿着一封方明的信来找我，正是为了查阅北京师范大学图书馆特藏部的陶行知研究资料。北京大学图书馆研究馆员邹新明研究胡适、西南大学教授谢长法研究黄炎培、陈鹤琴外孙柯小卫研究陈鹤琴、华东师范大学徐旭晟博士研究王国维，他们也都是长期从事相关研究的专家学者，堪称黄金组合。这套书将有助于读者更好地领会各位教育家的精神真谛。

希望这样一套难得的好书，能激励有志教育的人成为教育家，切实有效地推动中国的教育家办学进程。

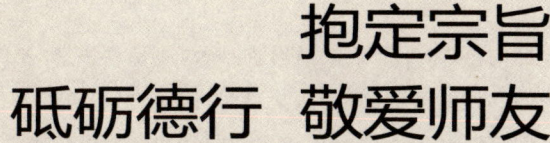

抱定宗旨
砥砺德行 敬爱师友
——就任北京大学校长之演说
（1917年1月9日）

蔡元培

五年前，严几道先生为本校校长时，余方服务教育部，开学日曾有所贡献于同校。诸君多自预科毕业而来，想必闻知。士别三日，刮目相见，况时阅数载，诸君较昔当必为长足之进步矣。予今长斯校，请更以三事为诸君告。

一曰抱定宗旨。诸君来此求学，必有一定宗旨，欲求宗旨之正大与否，必先知大学之性质。今人肄业专门学校，学成任事，此固势所必然。而在大学则不然，大学者，研究高深学问者也。外人每指摘本校之腐败，以求学于此者，皆有做官发财思想，故毕业预科者，多入法科，入文科者甚少，入理科者尤少，盖以法科为干禄之终南捷径也。因做官心热，对于教员，则不问其学问之浅深，惟问其官阶之大小。官阶大者，特别欢迎，盖为将来毕业有人提携也。现在我国精于政法者，多入政界，专任教授者甚少，故聘请教员，不得不聘请兼职之人，亦属不得已之举。究之外人指摘之当否，姑不具论。然弭谤莫如自修，人讥我腐败，而我不腐败，问心无愧，于我何损？果欲达其做官发财之目的，则北京不少专门学校，入法科者尽可肄业法律学堂，入商科者亦可投考商业学校，又何必来此大学？所以诸君须抱定宗旨，为求学而来。入法科者，非为做官；入商科者，非为致富。宗旨既定，自趋正轨。诸君肄业于此，或三年，或四年，时间不为不多，苟能爱惜分阴，孜孜求学，则其造诣，容有底止。若徒志在做官发财，宗旨既乖，趋向自异。平时则放荡冶游，考试则熟读讲义，不问学问之有无，惟争分数之多寡；试验既终，书籍束之高阁，毫不过问，敷衍三四年，潦草塞责，文凭到手，即可借此活动于社会，岂非与求学初衷大相背驰乎？光阴虚度，学问毫无，是自误也。且辛亥之役，吾人之所以革命，因清廷官吏之腐败。即在今日，吾人对于当轴多不满意，亦以其道德沦丧。今诸君苟不于此时植其基，勤其学，则将来万一因生计所迫，出而任事，担任讲席，则必贻误学生；置身政界，则必贻误国家。是误人也。误己误人，又岂本心所愿乎？故宗旨不可以不正大。此余所希望于诸君者一也。

二曰砥砺德行。方今风俗日偷，道德沦丧，北京社会，尤为恶劣，败德毁行之事，触目皆是，非根基深固，鲜不为流俗所染。诸君肄业大学，当能束身自爱。然国家之兴替，视风俗之厚薄。流俗如此，前途何堪设想。故必有卓绝之士，以身作则，力矫颓俗。诸君为大学学生，地位甚高，肩此重任，责无旁贷，故诸君不惟思所以感己，更必有以励人。苟德之不修，学之不讲，同乎流俗，合乎污世，己且为人轻侮，更何足以感人？然诸君终日伏首案前，芸芸攻苦，毫无娱乐之事，必感身体上之苦痛。为诸君计，莫如以正当之娱乐，易不正当之娱乐，庶于道德无亏，而于身体有益。诸君入分科时，曾填写愿书，遵守本校规则，苟中道而违之，岂非与原始之意相反乎？故品行不可以不谨严。此余所希望于诸君者二也。

三曰敬爱师友。教员之教授，职员之任务，皆以图诸君求学便利，诸君能无动于衷乎？自应以诚相待，敬礼有加。至于同学共处一堂，尤应互相亲爱，庶可收切磋之效。不惟开诚布公，更宜道义相勖，盖同处此校，毁誉共之。同学中苟道德有亏，行有不正，为社会所訾詈，己虽规行矩步，亦莫能辩，此所以必互相劝勉也。余在德国，每至店肆购买物品，店主殷勤款待，付价接物，互相称谢，此虽小节，然亦交际所必需。常人如此，况堂堂大学生乎？对于师友之敬爱，此余所希望于诸君者三也。

余到校视事仅数日，校事多未详悉，兹所计划者二事：一曰改良讲义。诸君既研究高深学问，自与中学、高等不同，不惟恃教员讲授，尤赖一己潜修。以后所印讲义，只列纲要，细微末节，以及精旨奥义，或讲师口授，或自行参考，以期学有心得，能裨实用。二曰添购书籍。本校图书馆书籍虽多，新出者甚少，苟不广为购办，必不足供学生之参考。刻拟筹集款项，多购新书，将来典籍满架，自可旁稽博采，无虞缺乏矣。今日所与诸君陈说者只此，以后会晤日长，随时再为商榷可也。

〔原文见1917年4月出版的《东方杂志》第14卷第4号，
转引自高平叔编：《蔡元培全集》（第3卷），中华书局1984年版〕

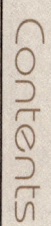

目录 Contents

目录 Contents

序章　学界泰斗　人世楷模

　　蔡元培是我国近代著名的民主革命家和教育家、思想家。他的一生，对中国的教育、科学事业和民主事业，作出了卓越的贡献。他以自己的道德、言行和事功，树立了一个不朽的典范，培育了一代新风，造就了一大批人才。他无愧于毛泽东给予的"学界泰斗，人世楷模"的崇高称誉。

绍兴蔡元培故居。

商人世家

蔡元培出身于商人世家。大约在明朝隆庆、万历年间（1567~1619），蔡元培的先世由浙江诸暨迁至山阴定居。蔡家初以造林售薪为业，至其高祖时，经营绸缎业。蔡元培的祖父名延桢，又名嘉谟，字佳木，经营典当业。他生育七子。长子即蔡元培之父宝煜，又名光普，字曜山。七个儿子中，老三好武，外出不知所往也不知所终，老六铭恩好学，以廪膳生中举人，成为蔡元培父辈中唯一的读书人，其余五人均经商。蔡元培父亲为钱庄经理，老二为绸缎庄经理，老四、老五、老七也都在钱庄任职。

1868年1月11日，蔡元培生于浙江省绍兴府山阴县城（今属绍兴市）笔飞弄。乳名阿培，入私塾时，取名元培，字鹤卿，号子民。蔡元培兄弟四人，姊妹三人，他在兄弟中排行老二。老大元鈜（字鉴清、鉴颐），长期在上海崇实石印局任职，三弟元坚（字镜清、镜颐），任职于绍兴钱庄。四弟及幼妹早殇，两姊均未出嫁即病逝。

蔡元培父亲为人厚道，周济朋友，有借必应，甚至对欠者不忍索，家中人喜以"爱无差等"笑之。父亲的品性，对儿子性格影响很大。蔡元培自述：子民之宽厚，为其父之遗传性。蔡元培母亲周太夫人，精明能干，仁慈

19世纪绍兴城一角。

恳切。蔡元培11岁时[1]，父亲去世，家道中落，亲友中有人提议筹款以充遗
孤教养费用，但蔡元培的母亲"力辞之"。她依靠自己的力量，克勤克俭，抚
育诸儿成人，并时常勉励他们要"自立"、"不依赖"。在日常生活中，她利用
各种机会，对他们进行教育。蔡元培回忆说："我母亲为我们理发时，与我们
共饭时，常指出我们的缺点，督促我们的用工（功）。我们如有错误，我母亲

---

[1] 蔡元培之父去世于清光绪三年（1877），蔡元培的《自写年谱》自称时年11岁，系我国传统
年龄计算法的虚岁。下文所涉蔡元培的年龄，均系其《自写年谱》或其他著述中所称的虚
岁。

从不怒骂，但说明理由，令我们改过。"[1]蔡
元培的母亲平时慎于言语，将见一位亲友，必
先揣度彼将怎样说，自己将怎样对。事后，又
追想他这样说，自己这样对，错了没有。而且
还时时选择孩子们所能理解的，讲给他们听，
以养成他们慎言的习惯。蔡元培说：因为父
亲去世早，自己"受的母教比父教为多"，自己
"不苟取，不妄言，则得诸母教焉"。

蔡元培像。

母亲对蔡元培的品性影响最大，蔡元培对
母亲的感情也最深。17岁时，他听说割臂肉和
药，可以延长寿命12年，便瞒着家人偷偷从自己的左臂上割下一小片肉，和药
治疗母亲胃病。但最后，母亲还是不治身亡。蔡元培悲恸万分，一定要行寝苦
枕块之制。被家人劝阻后，于夜深人静之际，他又挟枕席睡在母亲的棺侧。晚
年迁居香港，他曾一度以周子余为名，以示对母亲的深切怀念。

清末翰林

蔡元培是清末名翰林。在甲午战争之前，他接受的完全是旧式教育，走
的是中国士人传统的读经科举之路。他6岁开始发蒙，先读《百家姓》、《千字
文》、《神童诗》三部小书，然后读四书、五经。旧式教育先生多强调熟读背
诵，而不重视讲解。除读书外，功课还有习字和对句。习字是先摹后临。摹是

---

[1] 中国蔡元培研究会编：《蔡元培全集》(第17卷)，浙江教育出版社1998年版，第427页。

先描红字，后用影格；临则先在范本的空格上照写，后来用帖子放在前面，在别的空白纸上照写。对句犹如现在的造句，从一个字开始，到四个字为止。具体方法是先生出上联，学生想出下联来。不但名词、动词、静词要针锋相对，而且名词中动、植、矿与器物、宫室等，静词中颜色、性质与数目等，都要各从其类。

14岁至17岁，蔡元培受业于王懋修。王懋修字子庄，是一位老秀才。他博览明清两朝的八股文，推崇宋明理学，敬佩刘宗周、吕留良、曾静等明清之际的反清志士。蔡元培自述，"二十岁以前，最崇拜宋儒"，这显然是受到了业师的影响。而蔡元培后来走上反清革命的道路，主张民主共和，便同他这段受教经历有关，尤其是刘宗周、吕留良、曾静等明清之际反清志士的民族气节、爱国精神、民本思想对他的影响甚大。

17岁时，蔡元培考中秀才。从此，他开始自由阅读。十八九岁，蔡元培充任塾师两年，虽然所教学生不多，所授课程仅限于国文，内容也是对句与八股文，但这是蔡元培教育生涯的开始。

1886年，蔡元培受聘于同乡徐友兰家，一方面充当其子徐维则的伴读，一方面帮助校书，至1889年，历时四年。他充分利用徐家丰富的藏书，"博览群书，学乃大进"。

同当时许多读书人一样，蔡元培在考取秀才以后，继续沿科举道路前行。在23岁即1889年时，他第三次前往杭州应乡试，考取举人。是科为光绪皇帝亲政恩科，浙江省共考取155名，蔡元培为第23名。同科有汪康年、张元济、徐珂、徐维则、汪大燮、王佐等。

在中举后的翌年，即1890年春，24岁的蔡元培，偕好友徐维则进京参加会试。结果，蔡元培中第80名贡士。清朝科举考试，会试考取者为贡士，还需经殿试合格后赐出身，方称进士。贡士倘若因丁忧或别的原因，不能参加本科殿试者，则可以说明原由告假，谓之告殿，准许在以后的一科、二科补殿蔡元培殿试卷手稿。

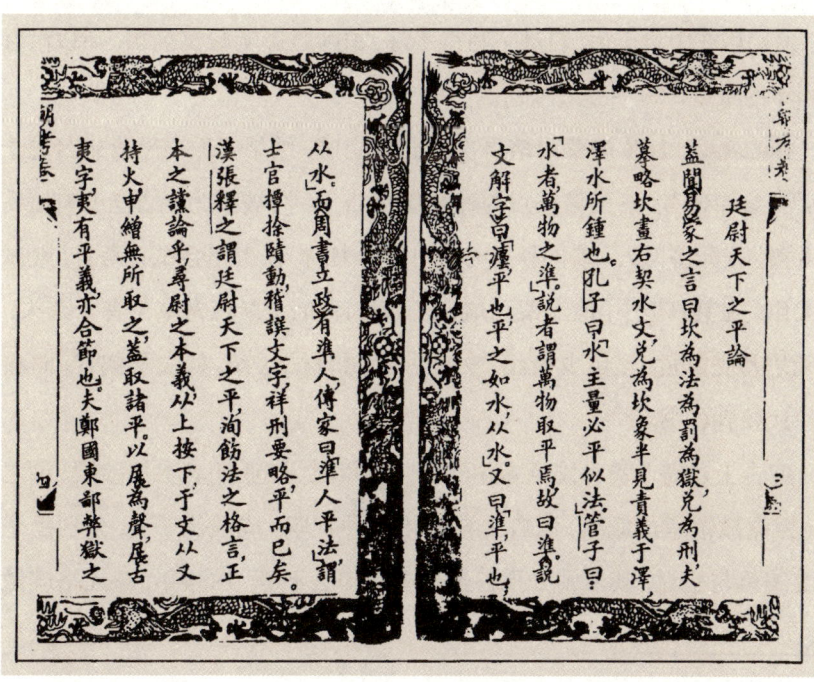

蔡元培朝考卷。

清朝翰林院。

试。蔡元培在中贡士后，自量字写得不好，怕因此影响殿试名次，所以没有参加当年的殿试。

1892年春，26岁的蔡元培再次去北京应试，结果考取二甲第34名进士。随后又参加朝考，蔡元培被点为翰林院庶吉士。同被授为庶吉士的有屠寄、汤寿潜、张元济等人。翁同龢当时为户部尚书，担任当年会试正考官，殿试阅卷大臣。在其日记中，他对蔡元培作了如许评价："新庶常来见者十余人，内蔡元培乃庚寅贡士，年少通经，文极古藻，隽材也。绍兴人，号鹤青，向在绍兴徐氏校刊各书。"[1]

庶吉士还需入翰林院庶常馆学习一定年限，肄业期满参加参试，谓之散馆。根据散馆考试成绩，庶吉士被授予各种官职。成绩优等者，分别授予翰林院编修与检讨，其余则分授各部主事和知县不等。1894年，蔡元培应散馆

[1] 王世儒：《蔡元培先生年谱》（上册），北京大学出版社1998年版，第20页。

考试，成绩优秀，被授官翰林院编修，时年28岁。在传统的科举道路上，蔡元培至此到达了顶峰，真可谓平步青云，年少得志。这不仅仅是他个人的成功，也为他的家族带来了荣耀。绍兴城内笔飞弄蔡家门斗内挂起了红底金字的"翰林第"的匾额。"翰林台门"的美名，传遍了整个绍兴城。

从1894年授官翰林院编修，到1898年离京南下，蔡元培在京城翰林院供职4年。在此期间，他潜心读书、涉猎甚广。1897年，他在寓所自书一联"都无作官意，惟有读书声"，即是此种状况的真实反映。这个时期，蔡元培开始留心西学，涉猎有关介绍西方世界的文字以及西学著作译本，如郑观应《盛世危言》、马建忠《适可斋记言》、宋育仁《采风记》、梁启超《西学书目表》、《读西学书法》等著作，《环游地球新录》、《日本新政考》、《日本史略》、《日本师船考》等介绍世界各国历史与现状的著作，《电学源流》、《电学纲目》、《电学问答》、《化学启蒙》、《化学分原》、《化学鉴原》、《量光力器图说》等近代自然科学著作。这些著作为蔡元培打开了了解西方文明的窗户，开阔了他的眼界，给他的思想增添了新鲜养料。

尤为重要的是，在此期间中国发生的两件大事极大地震撼了他，促使他的思想发生了重大转变。一是中日甲午战争中国惨败，被迫签订丧权辱国的中日《马关条约》，对日支付巨额赔款并割让大片领土。蔡元培为中国遭此奇耻大辱而伤心叹息，愤愤不平。二是戊戌变法失败。在蔡元培看来，"康党所以失败，由于不先培养革新之人才，而欲以少数人弋取政权，排斥顽旧，不能不情见势绌"。可以说，蔡元培正是在中日甲午战争以后国势日危的局势影响下，从戊戌变法失败的残酷现实中，清醒地认识到："清廷之不足为，革命之不可以已，乃浩然弃官归里，主持教育，以启发民智。"[1]从此，他走上了崭新的人生道路。

---

[1] 蒋维乔：《民国教育总长蔡元培》，《教育杂志》第3卷第10期，1912年1月。

国民党元老

　　蔡元培是老同盟会会员，与吴稚晖（1865～1953）、张静江（1877～1950）、李石曾（1881～1973）并称为"国民党四大元老"，或称"国民党党国四老"，在国民党内有很高的威望和地位。他曾担任国民党候补中央监察委员、中央监察委员和中央政治会议委员等职，又担任南京国民政府委员和常务委员、大学院院长兼代理司法部长、中央研究院院长、监察院院长等职。而元老的身份又使他担任了一些特殊的角色，参与了一些特殊的活动。如1927年4月18日，在南京国民政府成立典礼上，由蔡元培代表国民党中央党部向国民政府代表胡汉民授印。又如同年12月1日，蒋介石、宋美龄在上海大华饭店举行婚

南京国民政府委员就职时蔡元培（前排左三）与蒋介石（前排左一）、胡汉民（左二）、吴稚晖（右四）、李石曾（右三）等合影。

礼，蔡元培为第一证婚人，其余五位证婚人依次为余日章、谭延闿、王正廷、何香凝、李德全。

不过，这里要说的是在1927年上半年，蔡元培参加了由蒋介石、吴稚晖等策划的一系列清党运动。如3月28日，蔡元培主持国民党中央监察委员会会议，对于吴稚晖提议纠察共产党人案，他补充应该"取消共产党人在国民党之党籍"。会议还同意吴稚晖的建议，将这次反共清党活动定名为"护党救国运动"。4月2日，他又主持召开国民党中央监察委员会会议，吴稚晖在会上正式提出弹劾共产党的咨文，蔡元培与其配合，拿出《共产党祸党证据及共产党在浙祸党之报告》，让与会委员传看。会议审定了应予监视的共产党人名单，共计197人，内有鲍罗廷、陈独秀、谭平山、林祖涵、毛泽东等。[1]4月18日，在南京国民政府成立典礼后发表的演说中，他指责当时的武汉政府是"假借三民主义的招牌来实行共产主义"，是"受俄国人的指挥"，应该予以"扫荡"，如此等等。毋庸置疑，这是蔡元培人生旅程中走过的一段曲折。正如他在爱国学社时的学生柳亚子在1941年撰写的《纪念蔡元培先生》一文中所说："蔡先生一生和平敦厚，蔼然使人如坐春风。但在民国十六年上半年，却动了一些火气，参加了清党运动。一张用中央监察委员会名义发表的通缉名单，真是洋洋大观，连我也大受其影响。"[2]蔡元培在这时"动了一些火气"的原因很复杂，除了他多年旅居国外，对国内急剧发展的形势有些隔膜，对以蒋介石为代表的国民党右派的本质尚未认清之外，应该说他思想上的自由主义和政治上的改良主义倾向也是重要的原因。

然而，值得肯定的是，蔡元培对自己在清党中的失误，并没有采取宽恕的态度。1934年1月10日、11日，香港《平民日报》连载《辽海梦回室笔记

[1] 王世儒：《蔡元培先生年谱》（下册），北京大学出版社1998年版，第468～469页。
[2] 中国蔡元培研究会编：《蔡元培纪念集》，浙江教育出版社1998年版，第101页。

选录》（四）、（五）两则，题为《蒋中正与四老之离合》，该文认为蔡元培于1927年以国民党监委资格列名清党，一是缘于吴稚晖、李石曾等的情面，一是为了保护共产党，"不许拥有兵权者之随意加以诛戮囚辱也"。蔡元培看后不以为然，认为此文"于我多恕词，而于稚晖多责备"。[1] 寥寥数语，表明了他对自己所犯过错的坦诚。

尤为可贵的是，当蔡元培看清形势，看透以蒋介石为代表的右派的本质之后，他义无反顾地站在进步力量一边，以元老的身份，与之斗争，保护人民，保护进步。1932年12月，他与宋庆龄等发起成立中国民权保障同盟，被推举为总会副主席。他坚决反对国民党当局滥用职权、践踏人权，积极营救被

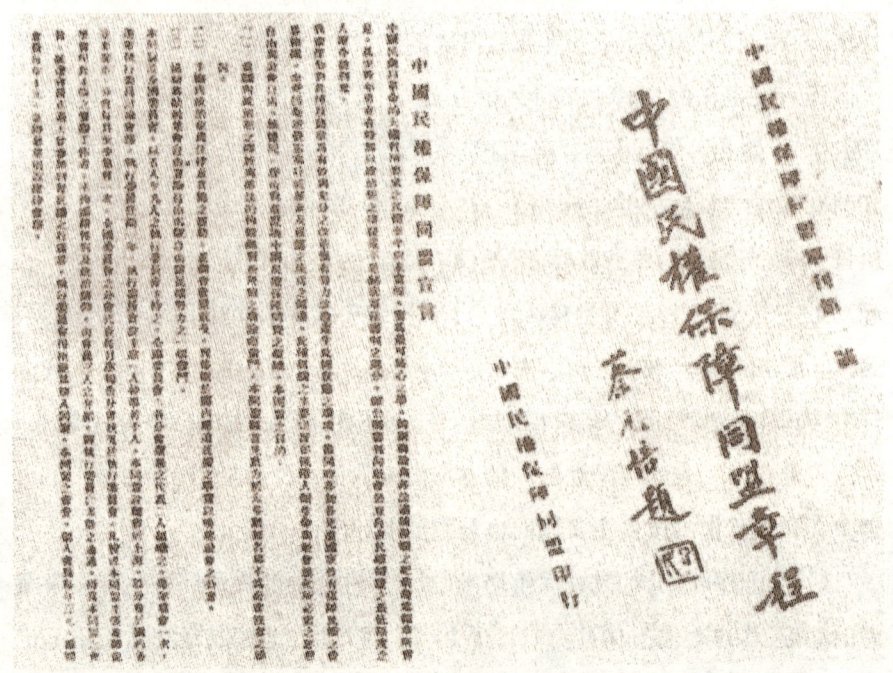

《中国民权保障同盟宣言》及蔡元培题签之《中国民权保障同盟章程》。

[1] 高平叔：《蔡元培年谱长编》（下册之二），人民教育出版社1998年版，第104页。

　　1933年2月17日，中国民权保障同盟领导人宋庆龄（左三）、蔡元培（前中）等在孙中山故居欢迎英国文学家萧伯纳（左二）。其余四人为史沫特莱（左一）、伊罗生（蔡元培身后）、林语堂（右二）、鲁迅（右一）。

　　1936年10月23日，蔡元培（右三）在上海万国殡仪馆吊唁鲁迅（中为宋庆龄）。

捕的进步人士及共产党人。在此期间，他先后设法营救过的有史良、杨开慧、罗隆基、胡也频、邓演达、牛兰夫妇、陈独秀、罗章龙、许德珩、侯外庐、马哲民、廖承志、陈赓、罗登贤、丁玲、潘梓年、李少石、范文澜、许钦文、台静农等，为保障人权，促进中国社会的进步和发展，作出了新的贡献。

中央研究院缔造者

　　蔡元培是中央研究院的缔造者和主要领导人。1928年8月17日，他向国民党中央执行委员会政治会议和国民政府提出辞呈，请求辞去政治会议委员、国民政府委员、大学院院长及代理司法部长等职，专任中央研究院院长，表示"愿以余生，专研学术"。从此以后，直至1940年3月逝世，蔡元培一直担任中央研究院院长，历时13年。

　　设立中央研究院，最初是由孙中山提出来的。早在1924年冬，孙中山就提议筹设中央学术院为全国最高学术研究机关。南京国民政府成立后，在蔡元培等人的努力下，孙中山的设想终于变为现实。

　　1927年4月17日，国民党中央政治会议第74次会议决定，设立中央研究院，并由蔡元培、李石曾、张静江起草组织法。5月9日，在国民党中央政治会议第90次会议上，决定设立中央研究院筹备处，推举蔡元培、李石曾、张静江、褚民谊、许崇清、金湘帆等为筹备员。大学院成立后，根据大学院组织法，中央研究院为大学院的一个下属机构。11月9日，《中央研究院组织法》公布，蔡元培以大学院院长的身份兼任中央研究院院长，并决定先行设立理化实业研究所、地质调查所、社会科学研究所和紫金山观象台四个研究机关，以及政治教育、科学教育、译名统一、考试制度、体育

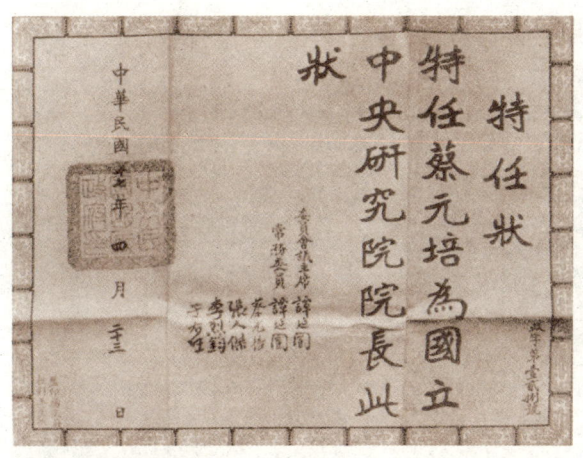

中央研究院院长任命状。

任中央研究院院长的蔡元培。

指导五个专门委员会。1928年4月6日，国民政府第53次会议决定改中华民国大学院中央研究院为国立中央研究院，直属国民政府。4月23日，特任蔡元培为院长。6月9日，蔡元培在上海东亚酒楼召开第一次院务会议，宣告中央研究院正式成立，这一天便成为中央研究院院庆纪念日。

中央研究院为全国最高学术研究机关。其职责一是实行科学研究，二是指导、联络、奖励全国学术研究。研究院的机构，在院长之下设立行政、研究、评议三大部分。行政机构为总办事处，初设秘书长，后改总干事，负责处理中央研究院日常事务。评议机构即评议会，它是全国最高学术评议机关。评议会成员称评议员，分为当然评议员和聘任评议员两种。前者为中央研究院院长和所属各研究所所长，后者由蔡元培和国立大学校长选举产生，呈请国民政府聘任。1935年6月，选出聘任评议员30人，物理学组：李书华、姜立夫、叶企孙；化学组：吴宪、侯德榜、赵承嘏；工程学组：李协、凌鸿勋、唐炳源；动物学组：秉志、林可胜、胡经甫；植物学组：谢家声、胡先骕、陈焕镛；

蔡元培（前排左七）与出席中央研究院第一届院务年会的代表合影。

天文、气象学组：张云、张其昀；地质学组：丁文江、翁文灏、朱家骅；心理学组：郭任远；社会科学组：王世杰、何廉、周鲠生；历史学组：胡适、陈垣、陈寅恪；语言、考古、人类学组：赵元任、李济、吴定良。再加上当然评议员11人：蔡元培（研究院院长）、丁燮林（物理研究所所长）、庄长恭（化学研究所所长）、周仁（工程研究所所长）、李四光（地质研究所所长）、余青松（天文研究所所长）、竺可桢（气象研究所所长）、傅斯年（历史语言研究所所长）、汪敬熙（心理研究所所长）、陶孟和（社会科学研究所所长）、王家楫（动植物研究所所长），共计41人，组成中央研究院第一届评议会，由蔡元培任评议会议长。这些评议员都是中国当时"学术界的中坚人物"，各学科第一流的专

中央研究院初期各所领导人合影。前排左一：汪敬熙，左三：蔡元培，左四：丁燮林，左五：周仁，左六：王家楫；中排左一：赵元任，左三：吴定良，左四：傅斯年；后排左一：陈寅恪，左二：竺可桢，左三：王毅侯，左五：李济，左六：陶孟和。

家、学者。

　　研究机构即各研究所及各所附属的试验所、实验馆和测候所等，这是中央研究院的主体。至1935年11月，中央研究院已发展到10个研究所和若干个附属研究机构。

　　蔡元培素来重视人才。在主持中央研究院时，他挑选纯正有为的学者担任各研究所的所长，任用既有科学知识又有管理能力的人为总干事，延聘科学人才，推进研究工作，并给予他们充分的信任和尊重，放手让他们开展工作，各展所长。曾任地质研究所研究员的翁文灏对此深有感触，他这样写道："他（蔡元培）只总持大体，不务琐屑干涉，所以总干事、各所长

蔡元培（中立者）主持中央研究院评议会。

蔡元培（左）与中央研究院第一任总干事杨杏佛合影。

以及干部人员，均各能行其应有职权，发挥所长。对于学术研究，蔡先生更充分尊重各学者的意见，使其自行发扬，以寻求真理。"[1]曾任社会科学研究所社会组主任的陈翰笙，回忆自己在中央研究院的工作经历时也说："蔡先生是院长兼社会科学研究所所长，但所内的具体工作，全都放手让我主持，从不干扰。重要事务，由我去向他报告，他仔细地、认真地、虚心地听取报告，先征求我的处理意见，然后由他提出具体办法来同我商榷。"[2]蔡元培虽不干涉下属的工作，插手具体事务，但他因德望素孚，人心悦服，自然就成为全院的中心。蔡元培主持中央研究院期间，正是中国的

[1] 翁文灏：《追念蔡孑民先生》，1940年3月24日《中央日报》（重庆）。

[2] 陈翰笙：《追念蔡孑民先生》，1980年3月4日《人民日报》。

多事之秋，受到的各种牵制很多，遇到的各种困难也不少，然而在蔡元培的领导下，中央研究院"于短时间内，得到若干引起世界学者注目的成绩"[1]，推动了中国科学事业的发展。

学界泰斗，人世楷模

1940年3月5日，蔡元培在香港病逝。噩耗传出，全国不分政党，也不论政治信仰，举行了各种形式的悼念活动，深切缅怀蔡元培，对他的一生给予崇高评价。

3月7日，中国共产党中央委员会主席毛泽东在唁电中高度评价蔡元培，称他为"学界泰斗，人世楷模"。[2]3月9日，中国共产党中央委员会在唁电中说："先生为革命奋斗四十余年，为发展中国教育文化事业勋劳卓著，培植无数革命青年，促成国共两党合作。"[3]并特派廖承志作为代表，前往悼念。

3月16日，国民政府发布褒扬令，高度评价蔡

1940年，蔡元培在香港。

[1] 翁文灏：《追念蔡孑民先生》，1940年3月24日《中央日报》（重庆）。
[2] 1940年3月8日《新华日报》（重庆）。
[3] 1940年3月12日《新华日报》（延安）。

晚年的蔡元培。

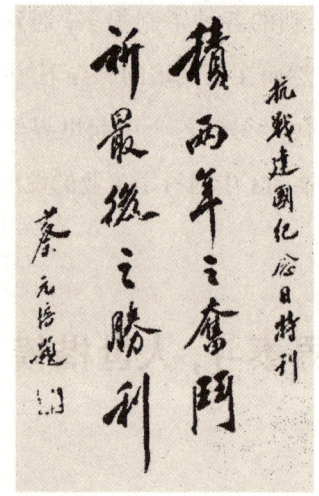

蔡元培手迹。

1940年3月10日，香港各界万余人举行公祭蔡元培仪式。

蔡元培之墓。

元培的一生。褒扬令称：

　　国民政府委员蔡元培，道德文章，夙负时望。早岁志存匡复，远历重瀛，研贯中西学术。回国后，锐意以作育人才、促进民治为己任。先后任教育总长、北京大学校长及大学院院长。推行主义，启导新规，士气昌明，万流景仰。近长中央研究院，提倡文化事业，绩效弥彰……生平事迹，存备宣付史馆，用示崇重勋耆之至意。[1]

　　3月24日上午，重庆各界在美专学校举行公祭，蒋介石、张道藩、潘公展、叶楚伧、何应钦、邓家彦、王宠惠、张群、冯玉祥、刘峙、陈济棠、陈诚、张治中、孔祥熙、戴季陶、陈立夫、于右任等出席。下午举行追悼大会，各机

[1] 1940年3月17日《新华日报》（重庆）。

关团体代表张伯苓、马寅初、左舜生、张澜、黄炎培、沈钧儒等五百余人参加。

同日，全国各地，如浙江金华和绍兴、江西吉安、广东韶关、广西桂林、云南昆明、贵州贵阳、湖南耒阳和长沙、湖北宜昌、四川成都、河南洛阳、陕西西安、甘肃兰州以及香港等，都举行了隆重的追悼大会，沉痛悼念蔡元培。重庆《中央日报》本日还出版纪念蔡元培专刊，刊载蒋梦麟、马寅初、邵力子、任鸿隽、翁文灏、陈独秀、傅斯年、罗家伦、蒋复璁、吴稚晖、王世杰、段锡朋、陈立夫、汪敬熙等的悼念文章，缅怀蔡元培的业绩与道德文章。

4月14日，延安各界一千余人在中央大礼堂举行蔡元培和吴承仕追悼大会，吴玉章、艾思奇、范文澜、丁玲等出席，会场满悬挽联、花圈。周恩来的挽联是：

从排满到抗日战争，先生之志在民族革命；
从五四到人权同盟，先生之行在民主自由。[1]

大会通过的唁电称：

先生清末从事革命，提倡民权；民六任北大校长，网罗人才，兼收并蓄，学术思想，主张自由，伟大的五四运动，实先生提倡诱掖，导其先路。九一八后，与宋庆龄、杨杏佛诸先生等发起人权保障同盟，从事援救青年志士，以图保留国家元气，虽为强暴所威胁，而气不为之沮。七七抗战以来，先生老矣，犹谆谆

---

[1] 1940年4月19日《新中华报》（延安）。

以精诚团结，言信行果，训诫国人。哲人云亡，遗教不朽。[1]

四十年后，1980年3月5日，首都各界一千多人在政协礼堂举行纪念蔡元培先生逝世四十周年大会。全国人大常委会副委员长宋庆龄在致词中，又一次对蔡元培作了很高评价，指出：

蔡元培先生是我国著名的民主革命家、教育家、科学家。他提倡科学与民主，主张"兼容并包"、百家争鸣，培养教育了一代人。他积极支持"五四"运动，对学生的爱国行动极表同情，并大力营救那些被捕的学生。蔡先生反对蒋介石的独裁统治和对日妥协投降，坚持保障人权，赞同国共合作，力求全面抗战。蔡先生和鲁迅先生之间，始终保持着深切的战斗友谊。蔡先生对中国的教育、科学事业和民主革命，做出了重要的贡献。[2]

1988年1月11日，北京大学集会纪念蔡元培一百二十周年诞辰，全国政协副主席周培源在讲话中，再次高度评价了蔡元培的功绩。他说：

蔡元培是我国近代一位伟大的民主革命家、教育家和思想家。他把毕生的精力，献给了我国的科学文化教育事业，始终不渝地为国家的独立和民族的解放，为振兴中华，争取一个民主和科学的新中国而奋斗。他以自己的言和行，树起一个不朽的榜样，培育了一代新风，给中国社会造成了一大批人才。他无愧于毛泽东所给予的"学界泰斗，人世楷模"这一崇高评价。[3]

---

[1] 1940年4月19日《新中华报》（延安）。
[2] 蔡建国编：《蔡元培先生纪念集》，中华书局1984年版，第17页。
[3] 中国蔡元培研究会编：《蔡元培纪念集》，浙江教育出版社1998年版，第19页。

纪念蔡元培先生逝世四十周年大会会场。

　　上述在不同历史时期对蔡元培所作的评价，突出表明了蔡元培在中国近代历史上的崇高地位和重大影响，集中反映了国家、民族和人民对他的崇敬和怀念。蔡元培以其光辉业绩、道德文章和伟大人格，在人们的心目中筑起了一座巍峨的"无字碑"，永远为后人所景仰。

一　委身教育

　　1898年10月，蔡元培毅然"携眷出都"，南下兴办教育，从此他的一生与教育事业结下了不解之缘。他先后担任绍兴中西学堂总理、南洋公学特班总教习，参与创立中国教育会、爱国女学和爱国学社。其中爱国女学和爱国学社，是20世纪初资产阶级革命派在国内创办的两所有重要影响的学校，蔡元培也在办理这两所学校的过程中，思想发生了变化，走上了反清革命的道路，成为我国近代著名的民主革命家。

南洋公学校门。

绍兴中西学堂总理

绍兴中西学堂，是蔡元培"服务于新式学校的开始"。该学堂为徐树兰（1837~1902）于1897年捐资创办。徐字仲凡，号检庵，1876年中举人，授兵部郎中，后改知府，因母病归里，热心地方公益。徐自任督办（即校董），另聘一人任总理（即校长），处理日常校务。先后主持校务者为何琪（浪仙）、何寿章（豫才）、章成达（紫筠）。蔡元培回到绍兴后，受聘担任学堂总理（一说监督），成为该校第四任主持人。1899年3月12日，绍兴中西学堂正式开学，学生23人，附课生3人，算学师范生1人。蔡元培接任后，对学堂进行了一系列改革，先后增设了日文、体操、测绘、物理、化学等课程，聘请日本人中川外雄、藤乡秀树和中国人杜亚泉为教习。这些新课程，尤其是测绘、物理、化学等的开设，使学生开始接触到近代自然科学知识，受益匪浅。后来任北京大学校长的蒋梦麟，当时便是绍兴中西学堂第一斋的小学生。他在回忆当时所受教育的情景时，曾这样写道：

中西学堂教的不但是我国的旧学而且有西洋学科。这在中国教育史上还是一种新尝试。虽然先生解释得很粗浅，我总算开始接触西方知识了。在这以前，我对西洋的认识只限于进口的洋货，现在我那充满了神仙狐鬼的脑子，却开始与思想上的舶来品接触了。

主持绍兴中西学堂时的蔡元培。

杜亚泉（1873～1933）。

他又说：

　　我在中西学堂里首先学到的一件不可思议的事是地圆学说，我一向认为地球是平的。后来先生又告诉我，闪电是阴电和阳电撞击的结果，并不是电神的镜子里发出来的闪光；雷的成因也相同，并非雷神击鼓所生，这简直使我目瞪口呆。从基本物理学我又学到雨是怎样形成的，巨龙在云端张口喷水成雨的观念只好放弃了。了解燃烧的原理以后，我更放弃了火神的观念。过去为我们所崇拜的神佛，像是烈日照射下的雪人，一个接着一个融化。这是我了解一点科学的开端，也是我思想中怪力乱神信仰的结果。我在乡村里曾经养成研究自然的习惯，我喜欢观察，喜欢说理，虽然有时自己根本不知道其中的深意。这种习惯在中西学堂里得到继续发展的机会。[1]

[1] 蒋梦麟：《西潮》，台北中华日报社1960年版，第29～30页。

　　由此可见，尽管当时课程的内容相当浅显，然而所产生的教育作用却很大。不仅使学生摆脱怪力乱神迷信的错误影响，开始科学地认识自然现象，而且还培养和发展了他们研究自然的兴趣。这对学生来说，是终身受益的。

　　绍兴中西学堂的教员，大都是社会名流，在当时的绍兴，"可谓极一时之选"。如经学、史学、词学教师马用锡（湄莼）、薛炳（阆仙）、马绹章（水臣）、冯学书（仲贤），英文教师蓝寅（筠生）、俞墉（伯音）、陈凤锵（子仪）、法文教师戴儒珍（铭甫），算学、理科教师杜亚泉、寿辅清（孝天），主持训育的教师胡道南（钟生）等。然而从思想倾向来说，则明显分成新旧二派。新派教员占多数，他们受西方思想的影响，笃信进化论，对于旧时尊君卑民、重男轻女等旧思想旧习俗，表示了某种程度的异议。如马用锡，当时"醉心于进化论，博览日文译本，均取大例，用以说明社会的一切，力持民权、女权的重要"。杜亚泉平时也喜欢阅读日文书籍及杂志，从中窥见世界新思潮，"对吾国传统的学说，不免有所怀疑"，"对于革新政治、改良社会诸问题，常主急进"。而少数旧派教员如薛炳等则不以为然，他们不赞同革新的理想。于是，在新旧教员之间便经常发生不同意见的争论，蔡元培则"往往偏于革新方面"。再加上这种争论通常发生在餐厅中，师生共同进餐时，旧派教员在争论中见诎，便误以为是让他们当众受辱。蔡元培在《自写年谱》中说：讨论的机会，总是在午餐与晚餐时，因为餐室是一大厅，排列许多方桌，每桌教员一人、学生六人，凡不与学生同桌之教员与总理同坐中间圆桌。随意谈天，总不免涉及政治上、风俗上的问题，所见不同，互相驳辩，新的口众，旧的往往见诎。此种情形，为众学生所共闻，旧的引以为辱。因而引起他们的忌恨，乃诉诸学校督办，运动他出来干涉。

　　督办徐树兰是蔡元培的前辈，他赞成旧派教员的意见，但自己不直接出面，而是将刊登在当年《申报》上正人心的上谕送给蔡元培，令他恭录而悬诸学堂。这则上谕，是清政府在戊戌政变后对同情变法、昌言维新人士的一种恫吓,它指斥同情与支持变法者为"援引匪人,心怀叵测",敦促今后"自当以名教纲常为己任,以端学术而正人心"。徐树兰要蔡元培将此抄录并悬挂于学校,其用意很清楚,是对蔡元培和其他新派教员的一种警告。这是蔡元培所不能接受的。于是,他致函徐树兰据理力争,甚至表示不惜遭祸与绝交,决不改变自己的信念,决不改变办学的宗旨。1900年2月,他提出辞职,离开了绍兴中西学堂。

据实而论,绍兴中西学堂新旧两派教员的争论,是当时社会上新旧两种思想矛盾冲突在学校中的一种反映。蔡元培在这场争论中"往往偏于革新方面",并"常右新派",而且为了坚持原则,不惜与学堂督办徐树兰"绝交"辞职他去,表明这时他的思想确实已倾向革新。正如他在同年6月5日《悼夫人王昭[1]文》中所述:近一二年,余深绎平权之义,自由之界。同时,也反映了他与旧势力不相妥协的鲜明个性。然而,作为当时学校的负责人,没有顾及争论的场合,致使旧派教员感到难堪,这不能不说是一种疏忽和失策。晚年时的蔡元培在《书杜亚泉先生遗事》一文中回忆起这段生活经历时,曾不无歉意地说:在争论中,"我众彼寡,反对者之意见,遂无由宣达。在全体学生视听之间,不为少数旧学精深之教员稍留余地,确为余等之过失,而余等竟未及注意也"[2]。表示他平和客观和歉疚之意。

可贵的是,蔡元培并不因为旧派教员反对他而怨恨他们,对他们心存芥蒂。恰恰相反,他仍以朋友相待,热情相助。薛炳字阆仙,是蔡元培少年时代求学于王懋修先生私塾时最要好的同学。那时蔡元培14岁,薛炳16岁,他家住大路,回家必经过笔飞弄口,所以每日回家两人必同行,路上无所不谈,直到笔飞弄口才分手。薛炳旧学精深,用力很勤,治《荀子》有自己独立的见解。

----

[1] 王昭,蔡元培第一位夫人,1889年与蔡元培结婚,1900年因病去世。

[2] 高平叔编:《蔡元培全集》(第6卷),中华书局1988年版,第360页。

在绍兴中西学堂中,他首先发难反对蔡元培与新派教员。然而蔡元培不计前嫌,1918年,他担任北京大学校长兼国史馆馆长时,根据薛炳的特长,聘请他担任国史馆编纂。蔡元培宽容大度的人格特点,由此可见一斑。

南洋公学特班总教习

蔡元培在离开绍兴中西学堂后,于1901年夏,代理了上海澄衷蒙学堂(后改名澄衷学堂)总理月余。该校是中国近代早期一所私立学校,为浙江镇海富商叶成忠(字澄衷)出资创办,校址在上海虹口西华德路北塘山路(今唐山路),专招收宁波籍"旅沪诸童之贫无力者",首任总理为武进人刘树屏(葆良)。7月间,蔡元培应刘树屏的邀请,到校襄理校务。但一个多月后,因在办学思想上的分歧,蔡元培离开该校,经刘树屏介绍服务于南洋公学,出任该校特班总教习。南洋公学,这是中国近代一所很有影响的新式学校,是现在上海交通大学的前身。1896年冬,由盛宣怀奏请筹设,1897年4月假上海徐家汇民房正式开学。学校分设四院,即师范院、外院(小学堂)、中院(中学堂)和上院(大学堂)。1901年,为了预备参加经济特科的考试,经代理公学总理张元济提议,督办盛宣怀允准,南洋公学增设特班。经济特科是清末科举制度改革中新增设的一个考试科目,最初由贵州学政严修在1897年底提出,意在打破八股取士的常格,选拔洞达中外时务,能通经济之变,擅长算学、律学、格致、制造的实用人才。经总理各国事务衙门会同礼部复议同意,并得到光绪皇帝的批准,下令"著照所议准行"。后因维新变法失败而罢废。1901年,慈禧太后宣布实行变法,推行新政,又发布上谕,恢复经济特科。所以南洋公学添设特班,其目的诚如盛宣怀所言:为应经济特科之选,以储国家栋

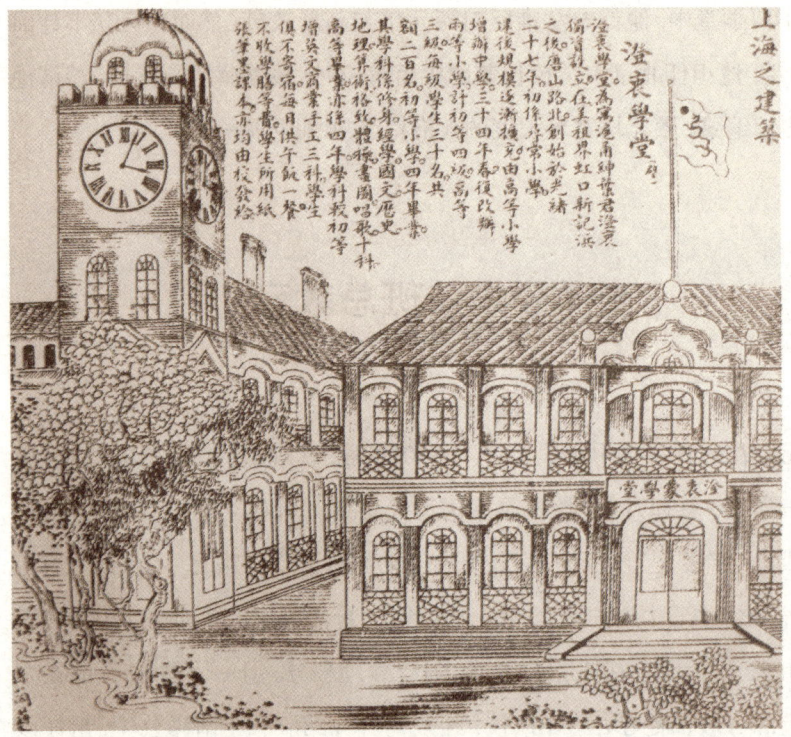

1909年上海《图画日报》连载的《上海之建筑》一文中的澄衷学堂。

1899年建成的南洋公学中院校舍。

梁之才。蔡元培也说："拟授以经世之学，而拔其尤，保送经济特科。"[1]

1901年9月13日，"南洋公学特班生开学"，蔡元培正式到校履职。除蔡元培之外，特班专任教员还有学监赵从藩，1902年初赵从藩离去后，由王舟瑶接任。赵从藩字仲宣，江西南丰人，与蔡元培为1892年同科进士；王舟瑶字星垣，浙江黄岩人，为蔡元培1889年同年举人。两人旧学深厚，又都善于吸收世界新知。特班的学生自愿报名，经考试入学。考试分初试和复试，初试在南洋公学，复试在盛宣怀住宅，"所试皆国文"。笔试之外，还进行口试。据黄炎培回忆："缴了试卷后口试。口试我的一位，后来知道是张元济。至今还记得他当时问我：你信宗教没有？信哪种宗教？我答：什么宗教都没有信。他说：好！"[2]特班共录取学生42人。他们之中，后来成为高才生的有邵闻泰（仲辉）、洪允祥（樵舲）、王莪孙、胡仁源（次珊）、殷洪亮、谢沉（无量）、李广平（叔同，出家后改名弘一）、黄炎培（任之）、项骧、贝寿同（季眉）等人。

在张元济原来所订章程中，特班的课程分为前后两期，前期为初级，后期为高等，每期学习年限都是三年。其中前期课程有英文、算学、格致化学三门。英文侧重写诵、文法、章句，算学包括数学、代数、几何、平三角等内容，格致化学侧重实验操作。后期课程有物理化学、地志、史学、政治学、理财学和名学，共计六门。一般而言，前期课程侧重于"西文"、"西艺"，后期课程侧重于"西政"。但是，1902年10月3日，即特班实际开设一年之后，由蔡元培和学监王舟瑶"合同考核"的学生成绩表显示，特班实际开设的课程为"专研科、文词、算学、英文、日本文"五门，其中专研科包括哲学、外交学、法律学、政治学、理财学、理化学、行政学、文学、教育学等九个门类。由此

[1]中国蔡元培研究会编：《蔡元培全集》（第3卷），浙江教育出版社1998年版，第661页。
[2]黄炎培：《八十年来》，文史资料出版社1982年版，第32页。

可知, 蔡元培对原来的课程设置作了重要的调整和修订, 特班实际开设的课程不仅在内容上更丰富, 更切合实际需要, 而且在设置上已经有了初步的梯度结构, 即文词、算学、英文、日本文为必修性质的基础课程, 专研科为选修性质的专业课程。

蔡元培在特班采用的教学方法, 他自称是"稍参书院式", 即由学生自由读书, 每人写札记, 送他阅批。每月终, 由他命题考试一次, 评定成绩, 然后送学校总理鉴定。对于学生所交札记和课卷, 他均亲自批阅。黄炎培回忆说: 吾师手写修学门类及每一门类应读之书, 与其读书先后次序。其门类就此时所忆及, 为政治、法律、外交、财政、教育、经济、哲学、科学——此类分析特细。文学、论理、伦理等等, 每生自认一门或二门, 乃依书目次序, 向学校图书馆借书, 或自购阅读。每日令写札记呈缴, 手自批改。隔一二日发下, 批语则书于本节之眉。佳者则于本节左下角加一圈, 尤佳者加双圈。每月命题作文一篇, 亦手自批改。蔡元培在学生日记与课文的评语中, "多提倡民权之说", 对学生进行民主思想的教育。

正课之外, 蔡元培还利用课余时间关心学生的成长。他每夜轮流召两三位学生到自己房间里面谈, 或让他们自述读书心得, 或就时事问题谈感想, 学生可提出问题向他请教。他还劝告学生学习日文, 并身自教之, 指示译文翻译法。他对学生说: 现在中国被各国欺侮到这种地步, 我们必须要知道自己的弱点, 还要了解国际情况。"知彼知己, 百战百胜。"了解国际, 要通晓外国文, 读外国书。英文自然要读, 通日本文, 比较容易, 从日文书中亦可以了解国际情况。他又鉴于"今后学人, 领导社会, 开发群众, 须长于言语"的认识, 在学生中设立演说会, 定期轮流学习演说, 并亲自指导, 还出示几种有关演说的日文书籍供学生参阅。在学习演说过程中, 发现方言不利交流, 所以又动员大家学习国语, 推请南方籍而生长在北方、讲国语的李广平同学教大家国语。

　　授课之余，蔡元培还重视学生学习方法的指导和良好生活习惯的培养，曾亲手制订《南洋公学特班生学习方法》、《南洋公学特班生游息规则》。如在学习方法方面，他指导学生：撰写学习札记，"一稽本末"，即要重视因果关系，凡下论断，必先推其前因后果；"一比事类"，即是采用论理学归纳法，于纷繁琐碎中抽象出共同之公理；"一附佐证"，即本书不详，引他书证明之，或援引其他事例，但切不可过于烦琐。总之，在他看来，札记撰写关键在于：一节精要，一著心得，一记疑义。又如关于日常行为举止，他规定如抛球、竞走等事，只准在体操场为之；如天雨、天寒，也只能在饭厅游廊等处游步，"不可结队蹴舞，以妨他人"；平时，学生走路时，"皆当有步骤，不得冲突他人"；出入饭厅、体操场时，均应整齐，"不可争先乱走"；等等。

　　蔡元培后来离开南洋公学是缘于一次学生风潮。因为风潮的起因是一个普通的墨水瓶，因而史称"墨水瓶事件"。南洋公学是一所新式学校，但教员中有些人的思想相当守旧，中院五班中文教师郭镇瀛就是其中之一。他讲授的两门课《大清会典》和《圣武记》，因为内容陈旧而不受学生欢迎。同时，他为人又刻板专横，平时严禁学生阅读各种新式书报杂志，引起学生严重不满。1902年11月5日下午，当他走进教室准备上课时，发现有一个洗得很干净的墨水瓶放在他坐的椅子上。他大声诘问是谁所放，结果无人回答。后来，在他恐吓之下，一位杨姓小同学谎称是伍正钧所为。郭镇瀛不作任何调查，就认定是伍。在他的要求下，无辜的伍正钧被学校开除，其他同学也因为所谓知情不报而受到"记大过"处分。对校方的处理方式，当事人伍正钧备感冤枉，其他同学也感到不平。11月14日，五班全体同学相约集体到公学总办（即校长）汪凤藻处申述事实真相，要求撤销处分，但遭到拒绝。当晚，他们决定次日全班集体退学，以示抗议，并到各班作告别演说，得到广大同学的普遍同情。第二天早晨，公学总办竟以"学生私自聚众演说，大干例禁"的罪名，张贴布告，宣布开除五班全体同学。这一决定引起全校哗然。于是，各班学生二百余人一起向总办求情，但总办拒不接见。后经再三要求，虽同意接见各班代表，但也断然拒绝收回开除五班学生成命的请求，并强硬地表示：五班已经开除，非诸生所得干预。见此，各班代表愤然退出。之后，他们又集体前往督办处，请求面见公学督办盛宣怀，但督办也不接见。于是，他们决定集体退学，以抗议校方的错误决定。16日上午10点钟，中院6个班级的同学，以班次为序，排队集体离开南洋公学，随同一起离校的，还有特班和政治班的部分同学，共约二百余人。后来，部分学生因种种原因又重新回到南洋公学，实际退学者为145人。这是中国近代教育史上发生时间最早、规模最大的一次学生风潮，其实质是青年学生对学校封建专制的一种反抗，是他们民主意识觉醒的一种宣示，在当时社会影响很大。在学生退学之前，蔡元培为学生免于被开除而积极斡旋，曾要求面见公学督办盛宣怀。遭盛宣怀拒绝后，他愤然辞去特班总教习之职，与学生一起离校。在他的影响下，特班学生14人也放弃被保举经济特科的资格而退学，特班也因此而解散。

蔡元培在南洋公学特班任职的时间虽不长，自1901年9月开学到校至1902年11月因"墨水瓶事件"爆发而辞职离校，前后历时仅一年余。但是在此期间，他精心设置课程，重视学生自学，因材施教，热情指导，严格要求，与学生平等相待，师生关系融洽，因而他的教学获得了相当的成功，受到了学生们的欢迎。黄炎培回忆说：蔡元培"这种教育方法，切合学生们的要求，蔡师语言态度的亲切、谦和，使每一学生都心悦诚服。这些还影响到上院其他各班和中院"[1]。又说："斯时吾师之教人，其主旨何在乎？盖在启发青年求知欲，使广其吸收，由小己观念进之于国家，而拓之为世界。又以邦本在民，而民犹蒙昧，使青年善自培其开发群众之才，一人自觉，而觉及人人，其所诏

---

[1] 黄炎培：《八十年来》，文史资料出版社1982年版，第33页。

1902年的蔡元培。

示，千言万法，一归之爱国。"[1]蔡元培在教学中，还向学生灌输爱国思想。特班生原来都"擅长古文"，在特班的学习，不仅学到了新知，而且他们的古文也有了长足的进步。1902年秋乡试，特班同学分别回本省应试，中选的有12人。黄炎培也是这一年中的举人。尤为重要的是，他们还受到了民主思想的熏陶。正如蒋维乔在《民国教育总长蔡元培》一文中所说：特班生类皆优于国学，得蔡先生之陶冶，益晓然于革命大义。其中有的学生，后来走上了民主革命道路。

蔡元培在南洋公学任职期间还有一段插曲。1902年暑假，他与高梦旦同船前往日本游历。这是他第一次走出国门，原计划逗留一个月，但到了东京没有几天，便发生了吴稚晖被日方警察拘捕事件。原来，吴稚晖以前曾到日本游历过一次，发现日本教育先进，回国后便热心劝亲友送他们的子弟赴日本留学，自己愿意担任监护。结果，"从往者颇多"，其中年长志气高者，希望进

---

[1] 黄炎培：《吾师蔡子民先生哀悼辞》，1940年3月24日《中央日报》（重庆）。

日本成城学校学习军事。吴稚晖便带领他们来到中国驻日使馆,要求驻日公使蔡钧予以帮助介绍。但蔡钧秉承清政府的旨意,托辞拒绝,而且"屡去屡拒"。最后一次,吴稚晖与留学生们在使馆静坐不走,表示"必待公使允许始离开"。蔡钧招来日本警察,遣散留学生,拘捕吴稚晖和孙揆均,并限令他们两人离境。吴稚晖在被日本警察押送经过皇宫护城河时,愤而投水,以死抗议。结果被救起,押至神户送上法国邮船。蔡元培与吴稚晖在国内彼此相识,当他得知吴稚晖被日本警察拘捕后,立即与高梦旦一起拜访正在日本考察的京师大学堂监督吴汝纶,请他出面设法营救吴稚晖。后来听人说蔡钧或许会恼羞成怒,向清政府报告,诬陷吴稚晖为康党,并与日方密商,将吴稚晖送经天津后,直送北京治罪。倘若无人陪同,随时援救,则吴稚晖甚为危险。闻此,蔡元培"自认有此资格",遂毅然中断在日本刚开始几天的游历,陪同吴稚晖等回国。"上船后,日警即不过问,而所乘船又直赴上海。"因此,蔡元培与吴稚晖等于8月13日安抵上海,并以中国教育会的名义,在张园"海天胜处"举行欢迎会。这段插曲从一个侧面反映了蔡元培待人真诚、为人仗义的性格特点。吴稚晖一生推崇蔡元培,与其交往密切,应当说与此有相当关系。

参与发起创立中国教育会、
爱国女学和爱国学社

在南洋公学任职期间,蔡元培还参与发起创立了中国教育会和爱国女学。在南洋公学学生退学风潮后,他又参与创办了爱国学社。这些机构在公开办理教育的同时,暗中又从事反清革命活动,成为当时重要的秘密革命机关,蔡元培也由此走上了革命道路。

中国教育会于1902年4月15日由蔡元培、蒋智由、林少泉（白水）、叶瀚（浩吾）、王季同（小徐）、汪德渊（允宗）、黄宗仰（乌目山僧）等人发起成立，会址设在上海泥城桥福源里21号。4月26日，蔡元培被推选为事务长（即会长），王慕陶、蒋智由、戢翼翚（元丞）、蒯若木为干事，陈仲骞为会计。

蔡元培等创立中国教育会的目的，据刊载在1902年7月5日《选报》第21期《中国教育会章程》称："本会以教育中国男女青年，开发其知识而增进其国家观念，以为他日恢复国权之基础为目的。"如果上面的文字写得比较简约，那么11月20日，他们在一次会议上的发言，则说得更为明确。"我等所以设立此会者，实欲造成理想的国民，以建立理想的国家。""我等理想的国家决非俄罗斯，决非德意志，乃纯然共和思想，所以从国民做起。""我辈欲造成共和的国民，必欲共和的教育；要共和的教育，所以先立共和的教育会。"[1]可见，它旨在办理共和教育，以培养共和国民，进而建立共和国家。该会"表面办理教育，暗中鼓吹革命"，是20世纪初国内最早出现的一个革命团体。

中国教育会下设教育、出版、实业三部，其中教育部办得最有成效，影响也最大。教育部又分为女子部和男子部，具体来说，主要是创办了一所女校和一所男校。女校即爱国女学，男校即爱国学社，这是清末影响很大的两所革命学校，蔡元培均是重要的发起人，并相继出任学校的主要负责人。

爱国女学的发起早于爱国学社。蔡元培在《我在教育界的经验》中说：爱国学社未成立以前，我与蒋智由、黄宗仰、林少泉、陈梦坡、吴彦复发起组织一所女学，命名为"爱国"。最初推举蒋智由为经理（即校长），不到一个月，蒋智由赴日本，改由蔡元培继任。1902年12月2日，爱国女学正式开学。校址在派克路（今黄河路）登贤里，经费由黄宗仰介绍犹太富商哈同之妻罗迦陵捐赠。学校刚开办时，发起人都是教员，学生都是发起人的眷属。到翌年

---

[1]《爱国学社之建设》，《选报》第35期，1902年11月20日。

爱国女学开学典礼（后排左五为蔡元培）。

正月，其中几位年岁大的又相继退学，故学生只有十人左右。当时只请了一位专任教员，其余的课程，都由蔡元培与其夫人黄仲玉[1]担任。

爱国学社成立后，女学的校址迁至学社附近。于是社中学生的姐妹，竞相来就学，学生人数渐多。同时，学社的教员，亦多来兼课，爱国女学获得了一批好教师。蔡元培后来回忆说："如王小徐先生的数学，叶浩吾先生的史学，吴稚辉（晖）先生、蒋竹庄先生的国文，钟宪鬯先生的理科，都是不可多得的好教员。"[2]

爱国女学的宗旨是"教育女子增进其普通知识，激发其权利义务之观

---

[1]黄仲玉，蔡元培第二位夫人，1902年元旦在杭州与蔡元培结婚，1921年1月因病去世。
[2]高平叔编：《蔡元培全集》（第5卷），中华书局1988年版，第98页。

念"。招生对象是13至25岁汉文通顺的女子,学习年限两年,分为预备科、普通科、高等普通科三个学级。其中预备科学习时间为7个月,课程有伦理、地理、历史、国文、数学、卫生、体操;普通科学习时间也是7个月,课程有伦理、世界地理、西洋历史、国文、日文、代数、生理卫生、体操;高等普通科学习时间为6个月,课程设置有世界地理、19世纪历史、国文、英文、日文、代数、几何、理化学大意、体操。另为高等普通科学生设立"特别科",在周六下午为他们讲授国家学、人物传记、哲理、高等历史及地理、时事评论等内容。爱国女学在创办之初,"含有革命性质"。1917年1月15日,蔡元培《在爱国女学校之演说》一文中说:"盖当时一般志士,鉴于满清政治之不良,国势日蹙,有如人之罹重病,恐其淹久而至于不可救药,必觅良方以治之,故群起而谋革命。革命者,即治病之方药也。"[1]后来,在《我在教育界的经验》一文中,他又说:当时觉得革命只有暴动和暗杀两条途径,暗杀于女子更为相宜。所以,在爱国女学中,"预备下暗杀的种子"。一方面受苏凤初的指导,秘密租屋,试造炸药,并约钟宪鬯相助,因为他可以向科学仪器馆办仪器与药料。又约王小徐试制弹壳,并接受黄克强、蒯若木自东京送来的弹壳,试填炸药,由孙少侯携往南京偏僻之地试验。另一方面为高才生讲法国革命史、俄国虚无党史,并由钟宪鬯等讲授理化,学分特多,以为炼制炸弹的预备。同时,对于年长而根底较深的学生,如周怒涛等,则介绍其加入同盟会,并参加秘密小组。

爱国女学也是当时蔡元培与各地革命人士进行联络与接洽的重要场所。蔡元培在《自写年谱》中写道:那时候,我以女学作为革命党通讯与会谈的地点。各教员中,与闻此事的,以从弟国亲及龚君未生为最多。龚君本随陶君焕卿(成章),属往金、衢、严、处等地,运动会党,劝他们联合起来,待时起事。而绍兴又有一批秘密党,则为嵊县王君金发、祝君绍康所统率,而主动

[1]高平叔编:《蔡元培全集》(第3卷),中华书局1984年版,第7页。

的是徐君伯荪（锡麟）。此两派各不相谋，而陶、徐两君均与我相识，我就约二君到爱国女学商联络的方法，浙东两派的革命党，由此合作，后来遂成立光复会。俞子夷也回忆说，当时往来爱国女学的革命人士"难得有间断的日子"，他印象较深的除上面所述的陶成章和徐锡麟之外，还有黄兴、秋瑾、赵声等人。

由上可见，爱国女学在当时表面是办理教育，实际暗中从事的是反清革命活动以及培养革命人才。蔡元培曾说：辛亥革命时，爱国女学学生多有从事于南京之役者，不可谓非教育之成效也。爱国女学在当时特定的历史条件下，所从事的"革命的特殊教育"，确实是取得了很大的成功。1905年暑假后，蔡元培离开了爱国女学，学校名义上由蒋维乔继任，实际由徐紫虬任教务，吴书箴任庶务。从此女学逐渐变成一所普通中学，"而脱去从前革命性的特殊教育了"。

爱国学社的成立同南洋公学学生退学风潮密切相关。学生退学后，谋自立学校，经蔡元培联系，在中国教育会的帮助下，创立了一所新学校。其名沿女学之旧，称爱国学社。1902年11月20日，爱国学社正式开学，蔡元培作为教师代表在开学典礼上发表《爱国学社开校祝辞》。他指出：尽管当时全国的学校"日月增设"，所授科目也并非一无是处，但由于"精神上之腐败"，这些学校犹如"人之有官体而无神经"，因为没有思想而成为"土偶傀儡"，任人操纵。他强调爱国学社不应该成为这样的学校，必须"以制造神经为主义"。为此，他提出三点具体希望：一是沉浸学理，以成国民之资格；二是实践自治，以训练监督社会之手段；三是发达其能力，用吾理想普及全国。表达了他对爱国学社的殷切期望。

由于事出突然，毫无准备，学社初办时，经费极为拮据，伙食费尤是急若燃眉。蔡元培决定亲自前往南京，向蒯光典借款应急。当他准备乘轮船离沪时，家人奔至码头泣告：长子阿根病亡，"孑民挥泪嘱友处后事，登轮而去"。

蔡元培这种公而忘私的精神，令在场者深为感动，"敬其临难不乱，承诺不苟变"。三天之后，他借到6000元回到上海，"爱国学社竟确立矣"。由上可见，爱国学社是在蔡元培的热情支持下成立的，又在他的努力奔走下渡过了最初的困难时期，得以维持下来。蔡元培予爱国学社，厥功甚伟！

爱国学社的总理是蔡元培，学监是吴稚晖，两人还分别兼授伦理学与《天演论》。其他教员是：章炳麟教三、四年级国文，蒋维乔教一、二年级国文，吴丹初教历史地理，科学仪器馆同人分教理科，何海樵、何山渔兄弟二人教体育，高年级英文由一西洋女子担任，普通英文则由社员分任。自总理、

爱国学社开学式合影（前排立者右六为蔡元培）。

爱国学社时期的蔡元培。

学监至教员，均尽义务，自己另谋生计以获得经济来源。爱国学社初期社员55人，均为南洋公学退学学生。后来入学者渐多，尤其是在南京陆师学堂发生退学风潮后，退学学生四十余人加入了学社，学社人数大增。据1903年5月17日统计，学社共计132人。此外，又有以中国教育会会员资格加入的附读生4人，他们是：柳亚子、蔡寅、陶赓熊、任味知。

爱国学社的宗旨是："重精神教育，重军事教育，而所授各科学，皆为锻炼精神，激发志气之助。"[1] 学社分寻常、高等两学级，各以两年毕业。其中寻常级开设的课程是修身、算学、理科、国文、地理、历史、英文和体操；高等级的课程，第一学年为伦理、算学、物理、国文、心理、日文、英文和体操，第二学年为算学、化学、国文、社会、国家、经济、政治、法理、英文和体操。

---

[1]《爱国学社之章程》，《选报》第35期，1902年11月20日。

　　作为一所学校，爱国学社的最大特点，也是它同其他学校的明显区别就在于"倡言革命"。那时学社教员吴稚晖、章炳麟等，"都喜倡言革命"。蔡元培早在南洋公学时，于评改学生日记及月课中，就提倡民权女权思想，在爱国学社中，"受激烈环境的影响，遂亦公言革命无所忌"。在教员的带动和影响下，社员们也一改初时只知求学，凡是新的什么都学的风气，而对时事兴趣日浓，甚至"倡言革命已胜过求学"。原南洋公学中院五班退学学生俞子夷，记述了当时爱国学社倡言革命的生动情景：

　　办公室里几次出现新印的小册，大家抢购阅读。章师的《驳康有为书》，句句是至理名言；他的《逐满歌》更激动人心。《革命军》出版，鼓动力益大。在南洋时，《桃花扇》、《扬州十日记》等，只限小部分人喜爱，此时章、邹三文殆成为全体学员阅读、谈论，以至信仰的中心。"莫打鼓，莫打锣，听我唱支逐满歌……"与"刀加我颈，枪指我胸，我敢曰'贼满人'……"等等歌诵之声遍闻自修室及宿舍中。从《三十三年落花梦》中口译出来的逸仙先生的起义事迹，亦成为课余谈论中心。过去对《新民丛报》只觉不够味，此时则嫌其主张不大对头。章、邹三文可以视为当时教育会与学社对内对外的正式宣言。大家均以排满革命为爱国救国的基本纲领。[1]

　　由上可见，倡言革命已成为爱国学社的风气和大家关注的中心，其重要性远胜于求学。大家不仅上课时谈，课余时亦谈；在爱国学社内谈不过瘾，还走出学社，到社会上进行宣传。其中影响最大的是著名的张园演说会。

　　张园，是张氏味莼园的简称，在上海静安寺路（今南京西路泰兴路附

---

[1] 俞子夷：《蔡元培与光复会草创时期》，《辛亥革命回忆录》（七），文史资料出版社1981年版，第511页。

上海张园园址一角。

1909年上海《图画日报》连载的《上海之建筑》一文中的张园。

近），占地几十亩，内建数幢别致的西式小楼，另有一广场；园内小桥流水，鸟语花香，是当时上海市民游乐、休憩的一个重要场所。1903年2月15日，由徐敬吾借到张园安垲第（游人休息饮茶的大楼厅），举行了第一次演说会。随后，每星期总有一两个下午有人在此进行公开演讲。每次演讲除预定一两个或两三个演讲者之外，其他人随时都可以上台讲演。所讲内容每次各不相同，但中心思想总离不开反清革命。从爱国学社所在的泥城桥福源里至张园，有相当一段距离，学员数十人，穿着统一的操衣，排着双行队伍，迈着整齐的步伐，沿着静安寺路走来走去，煞是威风。租界中一些外国高级巡捕见了，也只好朝他们看看，中国人见了颇有扬眉吐气之概。

蔡元培不仅是张园演说会的重要组织者，而且也是重要的演讲者之一。如1903年4月25日，为反对广西巡抚王之春拟借法国军队镇压哥老会陆亚发、王和顺等和出卖广西全省矿路权之举，中国教育会、爱国学社以及旅沪各省绅商三四百人在张园举行演说会，蔡元培发表重要演讲，指出阻止桂抚借兵，出卖主权，"此是全国人的事，不是一二省之事"，并建议："现在我等对付王之春，要桂省人民先从本地阻挠此事，上海及各地遥为声援，遍告同志。就今日起，立一团体，专为阻法兵而设，愿与此会者即请签名。"[1]与会者响应蔡元培的建议，演讲一结束，即纷纷签名，成立保国会。又如4月30日，在张园又一次举行演说会，除爱国学社社员戎装列队入场外，爱国女学、务本女塾和育材学堂的学生也都来参加，包括其他方面的人士，出席者总计约1200人。蔡元培首先登台演说，提出"上海应设国民公会，以议论国事，如东三省、广西等重要问题"。最后，大会决定建立上海抗俄义勇队，许多人当场签名参加。总之，在蔡元培等的带领下，张园演说会成为爱国学社师生一项十分重要的活动，正如俞子夷回忆所说：大家的心目中，演讲会是一件大事，

---

[1]高平叔编：《蔡元培全集》（第1卷），中华书局1984年版，第174页。

比功课不知重要多少倍。

除张园演说之外，蔡元培、吴稚晖、章炳麟等还轮流为《苏报》撰文，宣传革命。《苏报》原是一份平庸小报，1896年在上海创刊，内容多载市井琐事，因经营不善，连年亏损。1898年为湖南衡山人陈范接盘购买。陈范（1860~1913），原名彝范，号梦坡，光绪十五年（1889年）举人，曾出任江西铅山知县，因教案落职，移居上海，具有反清思想。早在中国教育会创建之初，他即由蔡元培吸收入会。南洋公学学生退学风潮发生时，陈范为支持学生的正义斗争，在《苏报》专辟"学界风潮"一栏，刊登各地学潮消息，并给予舆论支持，使《苏报》声誉大起。爱国学社成立后，他与学社订约，每日由学社教员蔡元培、吴稚晖、章炳麟等7人轮流为《苏报》撰写论说一篇，《苏报》馆则每月提供一百银圆作为报酬给爱国学社，"于是《苏报》馆遂为爱国学社之机关报矣"。从此，《苏报》的革命倾向日益鲜明。它不仅在"每日论说"栏刊登张园演说会的许多精彩内容，而且在聘章士钊任主笔后，还陆续发表了邹容《〈革命军〉自序》、章炳麟《序〈革命军〉》、柳亚子等人合写的《驳〈革命驳议〉》等一系列宣传革命的政论文章，揭露清政府是"四万万同胞不共戴天之大仇敌"，骂光绪皇帝为"载湉小丑"，号召广大人民起来"'杀皇帝'、'倒政府'、'撞自由钟'、'树独立旗'"，成为当时国内最早提出用革命手段推翻清朝统治的一份报纸。在《苏报》的影响下，爱国学社部分学员以爱国学社附小的名义创办《童子世界》，从儿童的立场来谈论革命，在当时亦有一定影响。

蔡元培积极支持《苏报》宣传革命，亲自为其撰写了许多文章，其中最重要的是1903年4月11~12日发表在《苏报》上的《释"仇满"》一文。蔡元培认为，所谓满人，实际上早已与汉人通婚，血统也久已与汉族混合，其语言文字和起居行习，亦已为汉人所同化，"满人"一词的实际意义只是"政略上占有特权之一记号"。在他看来，这种特权具体表现为三：一是世袭君主，而

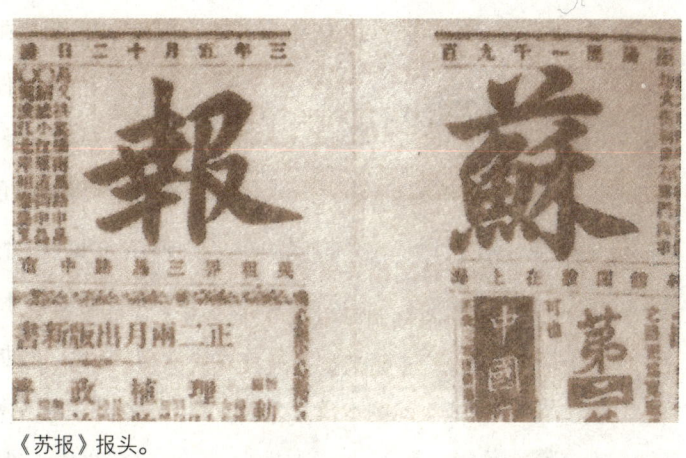

《苏报》报头。

又以少数人占据行政官之半额;二是驻防各省;三是不治实业,而坐食多数人之生产。所以,"仇满"并非种族之争,其实质是为了反对少数满人的这些特权。他指出:"自欧化输入,群知人为动物进化之一境,而初无贵种贱种之别,不过进化程度有差池耳……风潮所趋,决不使少数特权独留于亚东之社会;此其于政略上,所以有'仇满'之论也。"[1]他还指出:民权之趋势,若决江河,沛然莫御。而吾国之官行政界者,猥欲以螳臂当之,以招他日惨杀之祸,此固至可悯叹者也。倘若满人能自觉放弃特权,则汉人决无杀尽满人之必要。对"满人"进行客观分析,将"仇满"解释成为反特权、争民权,蔡元培的这一见解,比起当时有的革命者主张"杀尽胡人"的偏激论调,确实要高出一筹。

为了培养革命人才,"下暴动的种子",爱国学社还特别重视军事训练。全体学员分成若干小队,穿着领、袖、裤管上均饰有红镶边、宽黑条的漂亮

[1] 高平叔编:《蔡元培全集》(第1卷),中华书局1984年版,第172页。

在爱国学社，蔡元培与学生一起接受军训。

操衣，不论晴雨，分小队认真操练，并轮流担任小队长，学习喊口令。军事训练起初由何海樵、何山渔两兄弟负责，后来南京陆师学堂退学学生加入爱国学社之后，则由章士钊（行严）、林砺（力山）二人协助他们教授德国式兵操，并备木枪练习瞄准、射击。一些热心教员，一方面授课，一方面也与学生一起接受军事训练。蔡元培"亦剪发，服操衣，与诸生同练步伐"，同样轮流做小队长，学习喊口令，他的这一举动对师生鼓舞很大。

在蔡元培的主持下，爱国学社成为辛亥革命前资产阶级所创办的一所最有影响的革命学校，"几为国内唯一之革命机关矣"。它的存在引起了清政府的恐慌。4月25日张园集会反对王之春借法兵平乱之后，王之春即电两江总督魏光焘：沪上匪徒造谣生事，事关大局，此等造谣之人，应请札道示禁，密拿讯办。魏光焘立即电告上海道袁树勋

"密拿严办"。6月23日，外务部又向沿江沿海各省督抚发电云："奉旨：外务部呈递魏光焘电称，上海爱国会倡演革命诸邪说等语，着各督抚务将此等败类严密查拿惩办。"[1] 兼湖广总督端方接此电后，于6月23日致电军机处报告：查四月初间，方闻上海有爱国会社诸生，借俄事为名，在张园演说，议论狂悖，即经密电江宁查禁拿办。正在清政府磨刀霍霍，准备向爱国学社动手之际，爱国学社同中国教育会之间发生了分裂，爱国学社要求脱离中国教育会而独立。对于这个问题，在教育会负责人之间意见也不一。当时，中国教育会会长为黄宗仰，蔡元培为副会长兼评议长。鉴于梁启超与汪康年互争《时务报》而均无结果，徒授反对党以口实的历史教训，蔡元培主张听任学社独立，黄宗仰亦表示赞同。但章炳麟却不以为然，他认为这仅是少数人的意见，他以函电将离沪之评议员招来重新讨论，结果"多数反对学社独立"。在此情况下，蔡元培辞去副会长及评议长，改由章炳麟代之。从此，蔡元培不再"与闻爱国学社事"。蔡既然已脱离爱国学社，又盛传其名列于清政府捕人名单，于是在其兄元钅分、亲友汤寿潜、徐显民等力劝之下，蔡元培同意赴德避风。6月15日，他离沪前往青岛学习德语。6月19日，爱国学社宣告独立，发布《敬谢教育会》一文，揭之报端。黄宗仰以中国教育会会长的名义，于《苏报》撰《贺爱国学社之独立》一文以答之。学社宣告独立未及两周，6月29日《苏报》案起，7月7日《苏报》馆被封，爱国学社亦被迫解散。

蔡元培在严重民族危机逼迫之下，从戊戌变法失败的教训中，认识到培养人才的重要，从而走上了兴办教育的道路。如果说他在办理绍兴中西学堂、南洋公学特班等新式教育时，思想上还倾向于提倡民权、女权，重视向学生进行爱国教育的话，那么他在参与创办中国教育会、爱国女学和爱国学社时，办学思想已经发生了根本变化。他把教育与革命相结合，办教育是为了

---

[1] 朱有瓛主编：《中国近代学制史料》（第2辑上册），华东师范大学出版社1987年版，第697页。

任光复会会长时的蔡元培。

培养反清革命人才，从事反清革命斗争。因此，作为教育家的蔡元培，正是通过组织中国教育会、创办爱国女学和爱国学社，走上民主革命的道路。1904年冬，光复会在上海成立，蔡元培出任首任会长。1905年8月20日，中国同盟会在东京成立，蔡元培在同年10月27日，由何海樵介绍加入同盟会，接着被孙中山委任为上海分会会长。从此以后，他义无反顾地投身革命，成为我国著名的民主革命家。

二　出国留学考察

　　蔡元培被誉为是一位"学贯中西"，能将中外新旧熔冶于一炉的学人。1931年1月，在他65岁诞辰，中央研究院的同仁赠他一副寿联：萃中土文教之精华于身内，泛西方哲思之蔓衍于物外。能达到这一境界，同他数度走出国门，直接学习西方先进的文化教育密切相关。据初步统计，在1907年至1926年的20年间，蔡元培先后五次出国留学和考察，旅居国外几近12年。其中不包括1902年暑假，他在南洋公学任教期间因护送吴稚晖回国而中断的在日本的考察。

1908年，蔡元培在德国。

三次留学德国

虽然早在1903年，蔡元培就有赴德国留学的打算，然而真正实现，却是在四年之后。1907年6月10日，他随出使德国的大臣孙宝琦及其随员等离开北京，取道俄国，经陆路前往德国留学，时年41岁。这是蔡元培第一次留学德国。至武昌起义后于1911年11月28日回到上海，前后历时近四年半。

在此期间，蔡元培先花了一年时间在柏林学习德语。在德语有了一定基础后，1908年10月15日，他在莱比锡大学注册入学。蔡元培入莱比锡大学，是由孔好古（August Conrady, 1864~1926）教授介绍的。孔好古是德国著名汉学家，曾任我国译学馆教习，通梵文，常将印度寓言与中国古书相对照，颇有新意。当时，他任莱比锡大学中国文史研究所负责人。蔡元培在莱比锡大学留学3年。根据该大学保存的有关学籍资料、学生毕业证书和修课记载等，蔡元培在第一次留学莱比锡大学时，曾注册两次：1908年10月15日，有效期两年；1910年10月19日。他注册的是哲学系学生。可能是担忧不招收40岁以上的学生，所以蔡元培两次注册填写的年龄均是35岁。1911年11月4日，他获得莱比锡大学颁发的修业证书。三年间，蔡元培共修课37门，各学年修课具体

1907年5月留德前夕摄于北京。右为写在照片背面的留言。

情况如下：[1]

1908～1909学年度所修课程：

新哲学史 —— 从康德至当代（Wundt讲）　　　　　　　　　1908/1909

叔本华的哲学（Brahn讲）　　　　　　　　　　　　　　　1908/1909

心理学原理（Lipps讲）　　　　　　　　　　　　　　　　1908/1909

心理学（Wundt讲）　　　　　　　　　　　　　　　　　　1909

儿童心理学与试验教育学（Brahn讲）　　　　　　　　　　1909

语言心理学（Dittrich讲）　　　　　　　　　　　　　　　1908/1909

德国现代文明史：其过去与现在（Lamprecht讲）　　　　　1909

[1] 费路：《蔡元培在德国莱比锡大学》，《论蔡元培》，旅游教育出版社1989年版，第460～461页、第463页。

1907年在德国留学时的蔡元培。

德国文学发展现状（Witkowski讲）	1908/1909
作为一个哲学家和自然科学家的歌德（Brahn讲）	1908/1909
现代自然科学的主要研究成就（Brahn讲）	1909
1990～1910学年度所修课程：	
哲学基本原理（Richter讲）	1909/1910
康德以后的哲学史（Volkelt讲）	1910
伦理学基础（Volkelt讲）	1910
心理学实验方法（Wirth讲）	1910
德国古代与中世纪的文明史（Lamprecht讲）	1909/1910
德国现代文明史：世界观与科学观（Lamprecht讲）	1909/1910
宗教改革与文艺复兴时期的德国文明（Lamprecht讲）	1910
德国戏剧及演艺艺术史章节选读（Lamprecht讲）	1910

史学方法与历史艺术观（Lamprecht讲）	1910
歌德的戏剧（Witkowski讲）	1909/1910
德国文学史概况——自古代至现代（Witkowski讲）	1909/1910

1910~1911学年度所修课程：

康德哲学（Volkelt讲）	1911
希腊哲学史（Volkelt讲）	1910/1911
心理学实验（三部分）（Wundt讲）	1910/1911
民族心理学（Wundt讲）	1910/1911
现代德语语法与心理学基础（Dittrich讲）	1910/1911
古典时期的德国文明（Lamprecht讲）	1911
专制主义时期的德国文明史（Lamprecht讲）	1910/1911
文化的起源与原始形态（Weule讲）	1910/1911
舞台艺术从15~20世纪的发展（Koster讲）	1911
美学（Volkelt讲）	1910/1911
古典希腊雕塑艺术（Schreiber讲）	1911
罗马式的建筑学与雕塑（Eckstadt讲）	1911
莱辛之*Laokoon*：艺术对美学之贡献（Schmarsow讲）	1911
古代荷兰绘画（Schmarsow讲）	1911
歌德《浮士德》注解（Koster讲）	1911

可见，蔡元培在莱比锡大学留学时学习侧重哲学、哲学史、心理学、文化史、美学和美术史等方面。

莱比锡大学历史悠久，培养出了许多杰出人才。如德国著名文学家歌德就曾肄业于此，他最著名的剧本《浮士德》中描写的大学生活，即发生在莱比锡的一家酒店中。该酒店有浮士德博士喝啤酒的壁画，蔡元培也常与同学小饮于此。当地重视美术，设有美术馆、民族学博物馆等，人民喜爱音乐，普通人多能奏钢琴或提琴。在当时，莱比锡大学有一批著名的学者，如冯特（Wilhelm Wundt，1832~1920）就是一位博学者。当时，德国大学中只有神学、医学、法学和哲学四科，而冯特先获得医学博士学位，后来又先后得到哲学及法学博士学位。他出身医学，所以对生理心理学有极大的贡献，所著《生理心理学原理》一书，是实验心理学的名著。世界上第一个心理实验室，即是他于1879年在莱比锡大学创立的。此外，他还著有《民族心理学》、《论理学》、《伦理学》、《民族文化迁流史》、《哲学入门》等著作；"真所谓博而且精，开后人无数法门"。又如兰普雷茨（Karl Lamprecht，1856~1915），一位史学革新者，著有《文化史的方法》、《德国史》等。他所创设的文明史与现代史研究所，允许三、四年级学生入所研究，或参加某种练习班，或自由研究，或准备博士论文，均由学生自由决定。而且，他讲历史，最注重美术，尤其是造形美术，如雕刻、图画等。蔡元

在德国留学的课程选修证明。

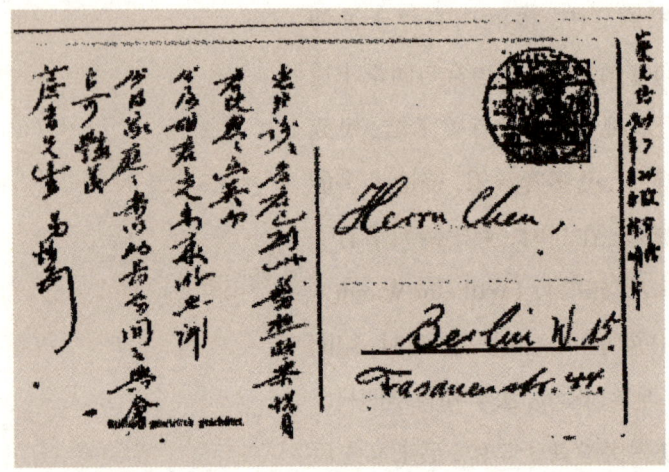

蔡元培留德期间的书信。

培置身于这样的氛围中，又直接听这些著名学者讲课，获益匪浅，思想深受影响。他自述："我于讲堂上既常听美学、美术史、文学史的讲（演），于环境上又常受音乐、美术的熏习，不知不觉的渐集中心力于美学方面。尤因冯德（特）讲哲学史时，提出康德关于美学的见解，最注重于美的超越性与普遍性，就康德原书详细研读，益见美学关系的重要。"[1]

在德国学者的美学著作中，蔡元培最喜欢读的是利普斯（T. Lipps）的《造形美术的根本义》一书，认为书中所说明的感人主义，"是我所认为美学上较合于我意之一说"，而且此书文笔简明流畅、引人入胜。那时冯特派的学者诺伊曼（Erich Neumann）教授也在该校，他将心理学的实验方法应用于教育学和美学，著有《实验教育学讲义》、《现代美学》和《实验美学》等书。蔡元培受其影响，曾按照他所说的方法，从事美学实验，并已实验了近百人，后

[1]中国蔡元培研究会编：《蔡元培全集》（第17卷），浙江教育出版社1998年版，第457页。

因归国才中辍。蔡元培后来重视美育，大力倡导美育，在北京大学首先创设研究所，主张高年级学生入所从事研究等，很显然都是他在留学德国时所受到的深刻影响。

蔡元培第二次到德国留学的时间不到一年，从1912年9月至1913年5月。1912年7月14日，蔡元培因不满袁世凯专权，辞去教育总长职务。9月16日，他偕夫人黄仲玉、长女威廉、三子柏龄在上海乘奥地利轮船"阿非利加"号前往德国。他仍进莱比锡大学听课，并在兰普雷茨教授主持的文明史与世界史研究所从事研究。他曾应邀帮助兰氏用中文编撰中国文明史材料，由顾孟余翻译成德文。蔡元培自11月1日注册入学，至翌年5月18日因宋教仁案，受孙中山之召启程回国，半年中所修课程列表如下：[1]

课　　程	授课教师
欧洲史：自古至现代	Lamprecht
艺术（指建筑、雕刻、绘画）美学	Schmarsow
Barock时代之艺术	Schmarsow

可见，此时蔡元培的兴趣仍集中在美学。

蔡元培第三次留学德国始于1924年11月。1923年初，为抗议教育总长彭允彝干涉司法独立，蹂躏人权，时任北京大学校长的蔡元培发表《不合作宣言》，同时递交辞呈，悄然出京，并于1923年7月20日，偕新婚夫人周峻（养浩）及女儿威廉、儿子柏龄在上海搭乘轮船"波楚斯"号前往比利时，后迁法国，夫人周峻和女儿威廉，分别进入巴黎美术专门学校、里昂美术专门学校学习。蔡元培自己则一面从事著译，一面协助办理华法教育会和里昂中法大

[1] 高平叔：《蔡元培年谱长编》（上册），人民教育出版社1996年版，第489页。

学的事务。1924年11月21日,他与夫人一起在汉堡大学注册入学,此时蔡元培已是一位58岁的老人了。1926年1月2日,蔡元培启程回国。这次他留学德国,主要是在汉堡大学从事民族学研究。此外,他还参加各种国际学术会议,或者撰写文章,利用各种机会和场合,向世界介绍中国,尤其是中国的文化教育,充当中外文化教育交流的使者。

蔡元培(前排左三)在法国史太师埠(斯特拉斯堡)与中国美术展览会筹备委员会人员合影
(前排右一为史太师埠市市长,右五为史太师埠大学校长,右六为刘既漂)。

留学法国

蔡元培赴法国留学，是在"二次革命"失败以后。自宋教仁案发生后，国民党对袁世凯由不信任发展到对立，于是便发动了反对袁世凯的"二次革命"。蔡元培对袁世凯早就存有戒心。1911年武昌起义后不久，当时他还在德国留学，获悉清政府起用袁世凯为湖广总督，便认为此人出山有野心。他在10月18日给吴稚晖的信中写道："弟以为袁世凯者，必不至复为曾国藩，然未必肯为华盛顿。故彼之出山，意在破坏革命军，而即借此以自帝。"[1] 寥寥数语，将袁世凯的本质暴露无遗。后来的事态发展，证明了其预见的正确性。正因为蔡元培对袁世凯的野心早有觉察，所以，他响应孙中山之召唤，自德回国之后，即投入了反对袁世凯的斗争。"二次革命"失败后，他原来仍准备去德国，后应吴稚晖之邀约而改变初衷，前往法国。

在法国留学时的蔡元培。

1913年9月5日，蔡元培偕同夫人黄仲玉、次子无忌、三子柏龄、长女威廉乘日本邮轮"北野丸"离沪赴法，至1916年10月2日接到北京政府教育总长范源

[1] 高平叔编：《蔡元培全集》（第2卷），中华书局1984年版，第122页。

濂邀请他出任北京大学校长的电报，自法启程归国，前后达三年余。对三年多的留法状况，蔡元培在《传略（上）》中作了如许描述："于习法语外，编书，且助李石曾、汪精卫诸君办理留法俭学会，组织华法教育会，不能如留德时之专一矣。"[1]可见，致力于留法教育，这是蔡元培在法国期间最重要的活动内容。

蔡元培素来重视留法教育。1912年春，吴稚晖、李石曾、张继、张静江等发起成立留法俭学会，介绍、组织青年赴法国留学。当时，蔡元培担任民国教育总长，对此深表赞赏，并拨北京安定门内方家胡同路北顺天高等学堂旧址为留法预备学校校舍，以实际行动支持留法教育。1912至1913年间，入会入校而赴法者，达八十余人。在法国期间，蔡元培更是积极致力于此，组织华法教育会即是其中重要表现。

为了加强中法两国的文化教育交流，便利国内许多无力出国求学的青年，使其能够以半工半读的方式到法国留学，推动留法勤工俭学的进一步发展，蔡元培同吴玉章、李石曾、吴稚晖、汪精卫等，联络法国巴黎大学历史学教授、巴黎自由教育会会长欧乐，法国众议员穆岱等学者及社会名流，发起创立华法教育会。1916年3月29日，在巴黎自由教育会会所召开华法教育会发起会，蔡元培在《华法教育会之意趣》的演说中，认为阻碍教育发展的障碍有二：一是君主，二是教会。而法国自革命成功，共和确定，教育界已一洗君政之遗毒；自1886年、1901年、1912年三次制定法律，又一扫教会之霉菌。所以，在他看来，"现今世界之教育，能完全脱离君政及教会障碍者，以法国为最"。他相信华法教育会的成立，必将促进法国文化教育对中国的影响，"此后之灌输法国学术于中国教育界，而为开一新纪元者，实将有赖于斯会"[2]。

---

[1] 中国蔡元培研究会编：《蔡元培全集》（第3卷），浙江教育出版社1998年，第669页。

[2] 中国蔡元培研究会编：《蔡元培全集》（第2卷），浙江教育出版社1998年，第380页、第383页。

1917年9月15日，蔡元培在北京留法俭学会开幕式上演说。

由此可知，蔡元培后来主张教育独立，试行大学区制，从思想渊源上来说，明显是在他留学法国期间，法国教育经验给他留下的深刻影响。会议推举蔡元培为中方会长，欧乐为法方会长，副会长穆岱（法）、汪精卫（中），书记裴纳（法）、法露（法）、李石曾（中）、李圣章（中），会计宜士（法）、吴玉章（中）。6月22日，华法教育会正式成立，以"发展中法两国之交通，尤重以法国科学与精神之教育，图中国道德智识经济之发展"为宗旨。

开展旅法华工教育，是华法教育会的一项重要工作。第一次世界大战爆发后，在法国的华工日益增多，初到时他们面临语言、生活、工作等诸多方面的困难。为了帮助他们排解困难，保障华工利益，华法教育会开办华工学校，在工作之余，对华工进行法文、中文、普通科学知识和行为规范等方面的教育。第一期为师资班，招生24人，由蔡元培主持招生考试。4月3日开学后，蔡元培亲自在华工学校授课，并从华工的实际需要出发，编写了《华工学校讲义》，作为华工学校的教材。讲义共40篇，其中德育30篇，智育10篇，体现的基本精神是："一在保全华工固有之美德，益发挥而光大之；一在修补华工向来所不免之缺点，曲喻而善导之。"[1]自1916年8月起，此讲义先在法国出版的《旅欧杂志》分篇连载。1919年8月，在巴黎印成专书出版。1920年9月，又作为"附录"，辑入由北京大学新潮社出版的《蔡孑民先生言行录》下册。后来，其中有的篇什，如《舍己为群》、《责己重而责人轻》、《文明与奢侈》、《理信与迷信》等，被编入国内通行的中学语文教科书。1961年，台湾大学中文系还将其中部分内容，以《蔡元培先生著德育讲义》为名出版，作为大学一年级学生的教材。不难发现，蔡元培编写的《华工学校讲义》受到各类学校的欢迎，其影响既广泛又久远。

华法教育会的另一项重要活动内容，是组织和推动国内青年赴法勤工俭学。众所周知，留法勤工俭学在中国近代历史上有重要意义，它对于促进中西文化教育交流，推动中国人民学习西方文明，吸收西方近代先进的自然科技知识起了积极作用，其中蔡元培的功绩不可低估。五四运动以后，留法勤工俭学获得了长足的发展，并掀起了高潮。在1919年至1920年两年中，全国各地约有一千六百多人前往法国勤工俭学，其中除了绝大部分是青年学生之外，还有像蔡和森的母亲葛健豪、著名教育家徐特立和黄齐生等这样的社会名流。当时适值俄国十月革命胜利，马克思列宁主义革命学说大受欢迎，于是在留法勤工俭学学生中，建立起了中国共产党最早的组织之一——中共旅欧支部，涌现出了如周恩来、邓小平、陈毅、聂荣臻、李富春、蔡畅、李维汉、赵

---

[1]高平叔：《蔡元培年谱长编》（上册），人民教育出版社1996年版，第604页。

1916年，蔡元培（四排左二）在法国与华法教育会人士合影。

世炎、蔡和森、向警予、陈延年、陈乔年、王若飞等一批无产阶级革命家和杰出的共产主义战士。这虽非为蔡元培所预想，但正如许德珩先生所言："这也和蔡先生极力倡导勤工俭学分不开的。"[1]

赴欧美考察

1920年11月24日，蔡元培乘法国邮轮"高尔地埃"号，离沪前往法国。从时间先后来说，这是他第四次出国。与以前不同的是，蔡元培这次是以北京

[1]许德珩：《回忆蔡元培先生》，1980年3月4日《人民日报》。

大学校长、国家公务人员的身份，由政府派遣赴欧美考察大学教育及学术研究。与他一起前往考察的有：修订法律馆总裁罗文干、国立医学专门学校校长汤尔和、北京大学教授陈大齐、北京大学教员张申府、京师学务局李光宇。

关于此次出国的原因，蔡元培在《自写年谱》中作了如下记述：

1920年赴欧美考察的蔡元培。

> 这时候，张作霖、曹崐（锟）等深不以我为然，尤对于北大男女同学一点，引为口实。李君石曾为缓和此种摩擦起见，运动政府，派我往欧美考察大学教育及学术研究机关状况。适罗君钧任正由政府派往欧美考察司法情形，遂约定同行。[1]

可见，这是为了缓和蔡元培与北洋军阀政府之间的矛盾所作的一种安排。然而就蔡元培来说，他十分重视这次出访。出国前夕，1920年10月20日，《在北大话别会演说词》中，他对这次考察提了如下任务：一是考察近年各国大学教育改革的状况；二是了解和帮助中国留学生，以为将来聘请到北大执教做准备，同时聘请外国教员；三是向华侨募捐，建造北大图书馆；四是为北大采办仪器、采集书籍；五是与各国政

---

[1] 高平叔编：《蔡元培全集》（第7卷），中华书局1989年版，第322页。

府商量退还庚子赔款事宜；六是考察勤工俭学情况。其中主要是前面三项。
所以1921年5月12日，《在爱丁堡学术研究会晚餐会上的答词》中，他将此次出
访的目的概括为三个：第一，调查欧美大学情形，为中国大学标的；第二，访
求教员；第三，筹款扩充北大图书馆。

　　蔡元培这次出国考察，于1921年9月结束，前后历时"差不多九个多月"。
他先后到达法国、瑞士、比利时、德国、奥地利、匈牙利、意大利、荷兰、英
国、美国、加拿大等国，出国和回国时又分别在新加坡和日本作短暂停留，足
迹遍及欧、美、亚三大洲。他参观了上述欧美11国的数十所大学，其中不少是

蔡元培（前居中）与旅美北大同学。

1921年8月，蔡元培（右四）在檀香山出席太平洋教育会议期间参观菠萝园。

世界著名大学，如法国巴黎大学，德国柏林大学，英国牛津大学、剑桥大学、伦敦大学，美国哈佛大学、哥伦比亚大学、芝加哥大学等，与许多大学的校长进行了接触与交谈，并访问了许多国家的教育行政官员，认真了解了欧美各国教育，尤其是大学教育的改革情况。如1921年3月15日，他向德国教育部次长贝克尔博士（C. H. Becker）询问德国大学最近有何种改革。贝克尔告诉他：德国大学在学问上研究上完全自由，而在行政上经济上受国家监督。大学设有评议会，由校长、院长、前任校长以及各系推举的教授（任期两年）组成。校长一年一选。凡有教授缺席，则由评议会推举候补者三人，由教育部指定其中一人担任，亦可于此三人之外特别指任。

蔡元培还广泛考察了各国学术研究机构的情况。3月1日，他参观法兰西学院，了解到该院专为研究高深学问而设，研究人员多为专职，兼大学教授

1924年，蔡元培（左二）与家人在法国留影。

1924年，蔡元培（中）在法国参观。

者甚少。3月17日，他又在德国向哈纳克（A. Harnack）询问有关威廉研究院的组织法，获知该院已设立22个研究所，其中从事纯科学研究的有物理、化学、生理等，应用科学研究的有微生物、血清、制钢、验煤、造革等，文化科学研究的有历史等。该院最初由工商业家捐款设立，现已改由教育部与委员会管理。院长由委员会推出，每一研究所各有所长，亦由委员会选定。每所另设一干事，负责日常事务。各所的研究内容以及聘请研究员，均由所长主持。工商业家只能提出请求，而不能强迫，教育部与委员会亦不能干涉。

他还拜访了一些世界著名的科学家，邀请他们在适当的时候来华讲学。如3月8日，他偕同李圣章访问居里夫人的镭锭研究所，感到居里夫人"朴质诚恳"。居里夫人称：中国不可无实验镭锭之所，如在北京建设，则较为清静，不似巴黎之嘈杂而多尘烟。蔡元培邀请她访问中国，她表示今年暑假没有时间，但以后可以考虑。3月16日，蔡元培又同夏元瑮、林志钧一同访问爱因斯坦。爱因斯坦表示愿意访问中国，"但需稍迟"。后来的事实表明，爱因斯坦的表态是认真的。1922年5月，他明确表示：在访问日本后，于1922年冬到北京大学讲学，为期两周。北京大学为迎接爱因斯坦来访，做了精心准备，举办了爱因斯坦学说系列公开讲演。其题目、讲演者、日期、时间、地点如下表：

题　　目	演讲者	日　期	时　　间	地　　点
（1）爱因斯坦以前之力学	丁巽甫	11月24日	下午8时	北京大学第二院大讲堂
（2）相对各论	何吟苢	11月25日	下午8时	同上
（3）旧观念之时间及空间	高叔钦	11月29日	下午8时	同上
（4）爱因斯坦之生平及其学说	夏浮筠	12月2日	下午8时	同上

(5) 非欧几里得的几何	王士枢	12月6日	下午8时	同上
(6) 相对通论	文范村	12月9日	下午8时	同上
(7) 相对论与哲学	张竞生	12月13日	下午8时	同上

　　然而遗憾的是，由于双方理解的差异和信函被耽搁，爱因斯坦在日本东京久等而未能来中国。蔡元培说：邀请爱因斯坦来北大讲学，"早经彼与驻德使馆约定，本没有特别加约的必要。我们和各种学术团体致函欢迎，是表示郑重的意思。一方面因候各团体电复，发出稍迟；一方面到日本后因他的行踪无定，寄到稍迟。我们哪里会想到他还在日本候我们北京的消息，才定行止呢？"[1]结果，爱因斯坦与北京大学失之交臂。

　　蔡元培在考察期间，又同在各国的中国留学生进行了广泛接触。他利用出席中国留学生的欢迎会、与他们交谈等机会，向留学生介绍国内情况，勉励他们勤奋学习，学成之后报效祖国。如5月12日，他在英国爱丁堡中国学生会及学术研究会欢迎会上发表演说，指出：学必借术以应用，术必以学为基本，两者并进始可。希望留学诸君，不可忽视学理。在介绍国内情况时，他说中国现在的政治可谓是坏极了，一切大权皆掌握在督军手中，人民怨恨督军，都主张"废督"，大概不久督军也确实会消灭。但是随之而来的重要问题是：督军消灭之后，又将何以处之？在他看来，"现在极要的，是从'地方自治'入手。在各地方设高等教育机关，使人民多受教育，自然各方面事务都有适当的人来担任。希望诸君专心求学，学成可以效力于地方，这是救国最好的方法"[2]。

　　蔡元培认为，国际间的和平，以互相了解为第一步。当时中国人对欧美

[1]中国蔡元培研究会编：《蔡元培全集》（第5卷），浙江教育出版社1997年版，第1页。
[2]中国蔡元培研究会编：《蔡元培全集》（第4卷），浙江教育出版社1997年版，第342页。

各国已渐渐有所了解，而西方人对中国则了解不多。所以，他利用这次出国考察的机会，积极向各国介绍中国的文化教育。如1921年6月2日，在美国新闻家文艺学会招待会上，他作了题为《中国文学的沿革》的演说，介绍中国自《书经》、《诗经》以来文学的发展概况，着重阐述了自19世纪末以来，中国文学发展中的两大改革：提倡白话文和采用注音字母。指出这种改革，不仅有利于中国教育的普及，同时也有助于促进国际间的相互了解。"因为中国用了注音字母，又用了白话文，西方人学习中国的语言文字容易得多，便可以洞悉中国的人情风俗，与现今改进的趋势，不致时时误会，于国际上必很有益的。"[1]

在积极介绍中国文化教育的同时，蔡元培还大力提倡中西文化教育的相互交流和结合。1921年3月2日，法国巴黎大学校长在晚餐会的演说中，赞赏北大废院存系的办法，对于蔡元培的著作，尤推重《石头记索隐》。蔡元培在答词中指出，中法文化有相类似的一面，今后应多交流，以使"互相而进步"。6月14日，在美国华盛顿乔治城大学校长举行的晚餐招待会上，蔡元培发表了《东西文化结合》的演说，指出东西方文化的结合，为现代的重要问题，其中包括两点：（1）以西方文化输入东方；（2）以东方文化传布西方。他还说：综观历史，凡是不同的文化互相接触，必能产生出一种新文化。认为当时有不少西方学者热心了解东方文化，在中国学者中也已着手用科学方法整理中国旧籍，因此，在他看来，东西方文化交通的机会已经到了，只要我们大家肯尽力就好。7月19日，他在加利福尼亚大学伯克利中国学生会演说时，更是明确地认为中国古代教育与欧美教育"应参酌兼采"：（1）应包罗各种有用学问，以及为真理或为求学问而设立的学科；（2）一面提倡合群运动，一面吸取古代模范人格，以陶养道德；（3）中国社会教育设施很少，应借鉴美国尽量

---

[1]中国蔡元培研究会编：《蔡元培全集》（第4卷），浙江教育出版社1997年版，第349页。

1921年9月20日，北京大学欢迎蔡元培（中坐者）考察欧美回国。

发展。

鉴于蔡元培的学术造诣和社会影响，在这次考察期间，他被多所大学授予荣誉博士学位。如1921年6月8日，美国纽约大学授予他法学博士荣誉学位。哥伦比亚大学原定亦授予他荣誉博士学位，但由于蔡元培到达纽约时，已逾该校毕业典礼之期，故未能实授。法国里昂大学也拟授予他名誉博士学位。

在这次出国考察期间，蔡元培接连失去数位亲人。夫人黄仲玉病逝，尤使他悲痛难忍。1921年1月9日，他刚走出国门不久，即接蒋梦麟、谭仲逵的电报，报告了夫人于2日病逝的噩耗。他悲痛万分，撰写了《祭亡妻黄仲玉》一文。文中有云："呜呼！仲玉，竟舍我而先逝耶？自汝与我结婚以来，才二十

蔡元培全家合影（左起：夫人黄仲玉，女儿威廉，儿子柏龄，蔡元培）。

年，累汝以儿女，累汝以家计，累汝以国内、国外之奔走，累汝以贫困，累汝以忧患，使汝善画、善书、为美术工艺之天才，竟不能无限发展，而且积劳成疾，以不得尽汝之天年。呜呼！我之负汝何如耶！""呜呼！死者果有知耶，我平日决不敢信；死者果无知耶，我今日为汝而决不敢信。我今日惟有认汝为有知，而与汝作此最后之通讯，以稍稍纾我之悲悔耳！呜呼，仲玉！"[1]此文情真词切，感人肺腑，在一个较长时间内，都被我国的中学选为语文课文。

4月20日，蔡元培又接到宋汉章的电报，告知从弟蔡元康（谷清）病逝。这对他又是一个沉重的打击。悲从心来，他在日记中写道："谷清少于我十四岁，在革命运动及教育事业，力为我助。留学日本，治法律及经济，曾任苏州审判厅长，后改入金融界，任中国银行杭州分行行长，对于浙江省公益，亦多所尽

---

[1]中国蔡元培研究会编：《蔡元培全集》（第4卷），浙江教育出版社1997年版，第277页、第279页。

力。持此以往,大有可为。今年仅四十三岁耳,竟以暴疾殁,哀哉! 惜哉! 我今次西游,既哭仲玉,又哭谷清,旅中郁悒,非可言宣。"[1]其内心的悲哀与痛苦,跃然纸上。然而就在这样的情况下,他依然坚持在欧美各国参观访问,考察活动取得了很大成功。蔡元培以国事为重,为了发展国家的教育和学术研究事业,可以舍弃个人一切的伟大人格,由此可见一斑。

学习六门外语

多学习一门外语,就多一种观察和了解外国的利器。随着对西学接触的增多和不断出国留学,中年以后,蔡元培曾先后学过六门外语,它们是日语、英语、拉丁语、德语、法语和意大利语。

蔡元培学习的第一门外语是日语,始于1898年五六月间,时年32岁,官居翰林院编修。他在《自写年谱》中回忆说:当时,张元济在北京琉璃厂设立通艺学堂,专修英语,而刘树屏(葆良)则在内城设立日文馆。蔡元培当时还没有学习西文的决心,推想日文可以速成,于是就加入日文馆,但不肯尽学日语,只学得日文假名的读法,硬看日文书。他的第一位日文教师是同乡陶大钧,同学有刘树屏、唐文治等人。陶大钧时任清政府外务部左丞,不久因有事他去,改聘日本人野口多内为师。戊戌变法失败后,蔡元培携眷出都,在家乡办理新式教育,出任绍兴中西学堂总理。1899年秋,他又向学堂的日本教习中川外雄学日文,一起学习的有蓝寅、赏乃勋、沈桐生、徐维则、庄肇、杜亚

---

[1]中国蔡元培研究会编:《蔡元培全集》(第16卷),浙江教育出版社1997年版,第127~128页。

蔡元培初学日文手迹。

泉、李锡身等人。学习的具体方法是：先一小时教授读本一课，限第二日默写，然后一小时译汉文为东文，以讨文法。

蔡元培学习的第一门外语是日文而不是其他西方文字，这是因为在他看来，学习日文相对容易，"西文非三五年不能通，东文可以半年为期，尤简易也"。而且西文书贵，非一般人的财力所能承担，而日文书籍则较为便宜。当然更为重要的是，在当时，凡是西方重要的书籍，日本皆有译本，因而"能读日文书，无异于能遍读世界新书"。

正因为学习日文的目的是为了能阅读日文书籍，了解世界新知，因此蔡元培学日文时偏重阅读、翻译，而不重视听、说，用他自己的话说是"不习日语而强读日文书"。这种方法的不足显而易见，他自己也感到"不彻底"，然而却非常有效。他学习日文仅仅数月，尝试着将几页日文《俄土战史》翻译成中文，即"有文从字顺之乐"。后来，他在担任南洋公学特班总教习时，将这一方法教授给学生,效果也相当好。

"不数日,人人能读日文,且有译书者。"

1903年《苏报》案发后,蔡元培曾一度"为外交报馆译日文以自给",为《俄事警闻》"译日文报"。他还将多本日文著作译成中文,如德国人科培尔的《哲学要领》、日本人井上圆了的《妖怪学讲义录》等,均由上海商务印书馆出版。可见,蔡先生已熟练掌握日文,日文已成为他从事学术研究、社会活动和谋生的重要工具。

英语是蔡元培学习的第二门外语,始于绍兴中西学堂开学之初。据蔡元培日记记载,该学堂于1899年3月12日正式开学,21日晚,蔡元培即与胡钟生、杜亚泉、马用锡一起,开始学习英文。但不知是什么原因,蔡元培英文没有学通。英语很重要,而自己又没有掌握,他对此一直耿耿于怀。因此,懂英文成了他第三次结婚时择偶的条件之一。1923年7月10日,蔡元培与周峻在苏州留园举行婚礼。在即席

蔡元培与周峻的结婚照。

马相伯像。

蔡元培（左一）与马相伯（右二）、于右任（左二）、吴稚晖（右一）合影。

演说中，蔡元培公开了择偶的五个条件：（1）予年已五十七，且系三娶，所欲娶者，为寡妇或离婚之妇，或持独身主义而非极端者，惟年龄须在三十以上。

（2）予谙习德文，略通法文，而英文则未尝学问，故愿娶一长于英文之室女。

（3）予不信仰宗教，故不欲以宗教中人为妇。（4）予嗜美术，尤愿与研求美术者为偶。（5）予既辞北京大学校长，即欲赴比利时或瑞士继续求学，得有志愿游学欧洲之女子，尤所欢迎。[1]将"长于英文"作为择偶的重要条件，显然是希望以此来弥补自己的不足。

蔡元培学习的第三门外语是拉丁语，始于1902年。当时，他在南洋公学特班任总教习。他一面在南洋公学任教，一面还向居住在公学南首土山湾的马相伯学习拉丁文。当时，马相伯告诉他：拉丁文在西洋已成古董，除大学外其他学校均不大注重，中国学者更没有必要去学习它。但蔡元培认为，欧洲

[1]高平叔：《蔡元培年谱长编》（中册），人民教育出版社1996年版，第650页。

各国语言多源于拉丁文，如果不通拉丁语文，就无从了解西洋的古代文化，因此执意要学。马相伯见其态度坚决，便同意教他。蔡元培每天清早，从南洋公学步行到马相伯的住处跟他学习拉丁文，有时竟在五点钟的时候，天还没有亮，就在外面低声喊叫开门。马相伯回忆说：吾很奇怪，就开窗下望，原来，就是蔡元培，吾急忙摇着手，对他说：太早了，太早了，八九点钟再来吧！他不得不败兴而去。后来，根据马相伯的建议，蔡元培选派了24位南洋公学的学生，向他学习拉丁文。马相伯为他们的求学诚意所感动，除拉丁文外，还教授他们法文、数学，后来还有哲学。1903年，马相伯创办震旦学院，这24位学生便成为第一班的基础。

蔡元培学习的第四门外语是德语，始于1903年。前文已述，他在与爱国学社、中国教育会脱离关系后，于6月前往青岛学习德语，准备去德国留学。当年，

蔡元培德文手迹。

他37岁。他的第一位德文老师是李幼阐。李老师为广东人，谙德语，在青岛承办工程，设立《胶州报》。后来因事多，推荐一个德国传教士教蔡元培德语。但不到两个月，蔡元培接到长兄的电报回到上海，德语学习也中断了。蔡元培再次学习德语，是在四年后的柏林。1907年7月，蔡元培来到德国柏林，是年41岁。在朋友们的帮助下，他克服年龄大、记忆差的困难，坚持"每日若干时习德语"。经过一年多的学习，在德语有了一定基础后，他于1908年10月向莱比锡大学注册入学。从此，他用德语听课、阅读，并将多种德文著作翻译成中文。正如他自己所说"谙习德文"，德文成为他最精通的一门外语。

蔡元培学习法语，始于在法国留学期间。据蔡元培日记记载，1913年11月，蔡元培和夫人黄仲玉、儿子蔡无忌"初读法文书"。当时蔡元培47岁。初到法国时，他为自己制订了"半日学法语、半日编书"的计划，后来因为事务

蔡元培法文手迹。

蔡元培学习意大利文的笔记。

繁杂，难以完全做到。不过，他在留学法国三年多时间内，"学法语，从事著译"，始终没有中断。因此，蔡元培的法语应该说是有相当水准的，他自述中"略通法文"，恐怕有点自谦。

蔡元培在57岁时开始学习第六门外语——意大利语。在第三次留学德国期间，在向汉堡大学注册之前，他先居住在比利时首都布鲁塞尔。1923年10月，他与夫人周峻、女儿威廉一起，"始学意大利文"。或许，意大利语和英语一样，蔡元培也没有学通。因此，在将近70岁时，他在一篇《假如我的年纪回到二十岁》的文章中，强烈地表示：假如能够回到20岁，"我一定要多学几种外国语，自英语、意大利语之外，希腊文与梵文，也要学的"。一个先后学过六门外语，精通德、日、法三门语言，年近70岁的老人，还总觉得自己"所习

的外国语太少太浅",希望能够"多学几种外国语"。蔡元培之好学,由此可
以窥见。

编译多种著作

前述蔡元培五次出国留学或考察,其中除第四次是以北京大学校长、国家
公务人员身份,由政府派遣赴欧美考察教育及学术研究机关状况之外,其余各
次均是作为普通人出国留学,从事学术研究,采取的均是半工半读的方式。

为了筹措留学费用和自己及家庭的生活费用,蔡元培采取了多种途径和
方式。如1907年6月,清政府任命顺天府尹孙宝琦为出使德国大臣。蔡元培争
取到他的帮助,"每月津贴银三十两",作为留学费用。在德国期间,又经孙宝
琦介绍,他为唐绍仪的四位年幼侄子唐宝书、唐宝潮等教授国学,每月报酬
100马克,以补贴费用。当然,作为一个文人,蔡元培采取的最为基本的途径
和方式是为出版社编译著作或提供其他服务,以获取报酬。如第一次留学德
国之前,他与商务印书馆商定:蔡元培为该馆编译教科书及学术著作,以及
选购新书等,商务印书馆则每月致酬100元,"以供家用"。在第三次留学德
国前,他曾与商务印书馆签订约稿协议,其具体内容是:第一,翻译现代教育
名著一种或两种,以德文教育哲学、教育原理或教育行政为宜,每种以15万字
为度。第二,编简易师范《哲学纲要》一种,以3万字为度。此件需要最亟。仿
照《哲学大纲》体裁,如一时无暇,可就该书酌为增减重排。第三,编高中或
师范《美学概论》、《哲学概论》各一种,每种以8万字为度。第四,编百科小
丛书,关于哲学或美学各一种,每种以2万字为度。以上四项,为最需要者。此
外,亦欢迎著译他书,以及论文、杂记为杂志所用者。约定每月支300元,其中

20世纪20年代，蔡元培与夫人周峻在欧洲。

200元为编译费，100元为调查费。编稿每千字6元，译稿每千字4元。[1] 留学法国期间，蔡元培仍与商务印书馆约定：在国外期间，每日以半天时间编写专书，每月由该馆送稿酬200元。因此，编书、译书是蔡元培旅居国外期间的基本谋生手段，自然也就成为他所从事的一项重要工作。蔡元培在旅欧期间所编译的著作数量不少，重要的有以下几种：

《伦理学原理》是蔡元培在留学德国期间翻译的一部伦理学著作。商务印书馆1909年10月初版，第二年改版重印，至1921年底已出第六版，被列为汉译世界名著之一，现被收入中国蔡元培研究会编，浙江教育出版社1997年版《蔡元培全集》第9卷。该书作者泡尔生（F. Paulsen, 1846～1908），也译为包尔生，是德国哲学家、柏林大学教授。他一生著述丰富，其中以《伦理学大系及政治学社会学之要略》最为著名。该书除"序论"外，分为"伦理学史"、"伦理学原理"、"德论及义务论"、"社会之形态"四编。1899年，该书英文

---

[1] 高平叔：《蔡元培年谱长编》（中册），人民教育出版社1996年版，第625～626页。

版在美国纽约出版发行。日本人蟹江义丸认为该书调和了当时动机论、功利论两大派之学说，立论"平实"，与当时最新的伦理学思潮"若合符节"，反映了欧洲伦理学的发展趋势。因此，他根据该书第五版，将"序论"和经过删节后的"伦理学原理"于1899年译成日文。蔡元培翻译时，参考德文原本，"而详略则一仍蟹江氏之旧"。因此，蔡译《伦理学原理》也包括"序论"、"本论"两大部分。其中后者除"导言"之外，共有九章，依次为：善恶正鹄论与形式论之见解、至善快乐论与势力论之见解、厌世主义、害及恶、义务及良心、利己主义及利他主义、道德及幸福、道德与宗教之关系、意志之自由。蔡译《伦理学原理》出版后，产生了广泛的影响。青年毛泽东曾精读了这本书，对全书的每字每句，几乎都用墨笔加上圈点、单杠、双杠、三角、叉等符号。在书的所有空白处，写了150多条批注，有表示赞同的，有表示怀疑的，还有的是提出自己的见解。批注的墨迹，有两种以至三种的，有些是对以前的批注重新作批注或补充。其中有的批注长达800多字。蔡译全书不过12万字，而毛泽东所写的批注竟约有1.2万字。斯诺在《西行漫记》中记述了毛泽东在与其谈话中，曾说到该书对他的影响：读了蔡元培翻译的一本伦理学的书，我受到了这本书的启发，写了一篇题为《心之力》的文章，杨昌济老师高度赞赏我的那篇文章，他给了我一百分。[1]

《中国伦理学史》是蔡元培在留学德国期间编写的一部伦理学史著作，1910年8月由商务印书馆出版。因为蔡元培曾在为麦鼎华《伦理学》所撰的序言中，说"四书、五经，不合教科书体裁"，被时任湖广总督的张之洞斥为谬妄。为避免麻烦，在征得蔡元培同意后，商务印书馆在出版该书时，假其夫人之名而署蔡振。1937年5月，商务印书馆又将该书列入"中国文化史丛书"第2辑重新出版。日本中岛太郎将该书译为日文，取名《支那伦理学史》，1941

---

[1]高平叔：《蔡元培年谱长编》（上册），人民教育出版社1996年版，第354～355页。

年由东京大东出版社出版。现被收入中国蔡元培研究会编、浙江教育出版社1997年版《蔡元培全集》第1卷。蔡元培在阐述编写该书动机时曾说："吾国夙重伦理学，而至今顾尚无伦理学史。"于是，他"于学课之隙，缀述是编，以为大辂之椎轮"。同时，他又认为，"伦理学以伦理之科条为纲，伦理学史以伦理学家之派别为叙"。因而，该书将我国伦理学史分为三个时期，即先秦创始时期、汉唐继承时期、宋明理学时期，分别介绍了各个历史时期重要伦理学家的伦理思想。先秦时期有儒家孔子、子思、孟子、荀子，道家老子、庄子，农家许行，墨家墨子，法家管子、商鞅、韩非；汉唐时期为淮南子、董仲舒、扬雄、王充、清谈家、韩愈、李翱；宋明时期为王安石、邵雍、周敦颐、张载、程颢、程颐、谢良佐、杨时、朱熹、陆九渊、杨简、王守仁。此外，还有附录戴震、黄宗羲、俞正燮。对于这三人，蔡元培有特别的说明："清儒中特揭黄梨洲、戴东源、俞理初三氏学说，以为合于民权、女权之新说。黄、戴二氏，前人已所注意，俞氏说，则孑民始拈出之。"[1]该书在学术界评价很高，被认为是我国伦理学史的开山之作。蔡尚思《卅年来的中国思想家》一文，在谈到中国思想的整理时曾说："在这快要到民国的时候，蔡元培既非正统派，亦非今义学家，即已开始用西洋形式和思想来编述固有思想。他在此时，著有《中国伦理学史》一书，实是用新体裁著中国思想史最早的一个人。"[2]

《中学修身教科书》是蔡元培在德国留学期间编写的著作，由商务印书馆于1912年5月出版，至1921年9月已出16版，可见在当时受欢迎的程度。现收入中国蔡元培研究会编、浙江教育出版社1997年版《蔡元培全集》第2卷。作为一本中学修身课的教科书，蔡元培在"例言"中阐明了编写的指导思想，也可视为该书的三个特点：一是重视实践。该书分上下篇。上篇为五章，依次为

---

[1]中国蔡元培研究会编：《蔡元培全集》（第3卷），浙江教育出版社1997年版，第667页。
[2]《天籁》第25卷第2期，1936年11月。

修己、家族、社会、国家、职业；下篇为六章，依次为绪论、良心论、理想论、本务论、德论、结论。上篇注重实践，下篇偏重理论。在蔡元培看来，"修身以实践为要"，所以上篇内容较详。如在"修己"章中，该书从体育、习惯、勤勉、自制、勇敢、修学、修德、交友、从师等方面，具体阐述了在实践中如何修身。二是篇幅精练。蔡元培指出，教授修身课的方法，既不能只是让学生"依书诵习"，也不能由教员"依书讲解"，而应该根据实际情况，"阐发其旨趣"；或采历史故事，新进时事，旁征博引，"以启发学生之心意"。因此，该书篇幅精练，正是为教员讲解时旁征博引留有余地。三是内容中外融通。该书以我国古代圣贤道德之原理为本，旁及东西各国伦理学大家之学说，斟酌取舍，立说务期可行，行文务期明亮，"以求适合于今日之社会"。

《哲学大纲》是蔡元培留学法国期间编写的一部哲学入门著作，商务印书馆1915年1月初版，至1931年8月，已出11版。现被收入中国蔡元培研究

1914年，蔡元培（三排右七）在法国蒙达尔纪留法中学演说后合影。

会编,浙江教育出版社1997年版《蔡元培全集》第2卷。该书主要以德国哲学家、莱比锡大学教授厉希脱尔(Richter)的著作《哲学导言》为本,在同时参考泡尔生和德国哲学家、心理学家、莱比锡大学教授冯特两人的著作《哲学入门》以及其他著作的基础上,"参以己意"而编成的。该书共四编,包括通论、认识论、本体论、价值论,"可供师范教科及研究哲学之用"。作为一本哲学入门书,蔡元培在编写时特别注意两点:一是在介绍各派学说时,不下十成断语,以给读者留下自由思考的余地。二是全书译语,"务取最习用者"。没有常用译语,"始立新语",附于书后,以备检核。后来,蔡元培在《传略(上)》中,对该书的自我评价是:尽管该书"多采取德国哲学家之言",但也不乏自己的独立见解。"惟于宗教思想一节,谓'真正之宗教,不过信仰心。所信仰之对象,随哲学之进化而改变,亦即因各人哲学观念之程度而不同,是谓信仰自由。凡现在有仪式有信条之宗教,将来必被淘汰'。是子民自创之说也。"[1]

《石头记索隐》是蔡元培在留学法国期间对文学名著《红楼梦》人物所作的考证,写成于1915年11月。先在1916年1月到6月的《小说月报》连载,1917年9月由商务印书馆初版,至1922年1月已出6版。现被收入中国蔡元培研究会编,浙江教育出版社1997年版《蔡元培全集》第3卷。蔡元培认为,《红楼梦》本是一部政治小说,在吊明朝之亡,揭清朝之失。由于作者"既虑触文网,又欲别开生面,特于本事以上,加以数层障幂,使读者有横看成岭侧成峰之状况"。他作此索隐,是受到了清人陈康祺所撰《郎潜纪闻》一书的影响。他认为其引述徐柳泉所说"宝钗影高澹人,妙玉影姜西溟",有道理,可以成立。于是,他采用以下三种方法,即一是品性相类者,二是轶事有征者,三是姓名相关者,对《红楼梦》中的人物作了考证,提出了自己的看法。如林黛玉影朱

---

[1] 中国蔡元培研究会编:《蔡元培全集》(第3卷),浙江教育出版社1997年版,第670页。

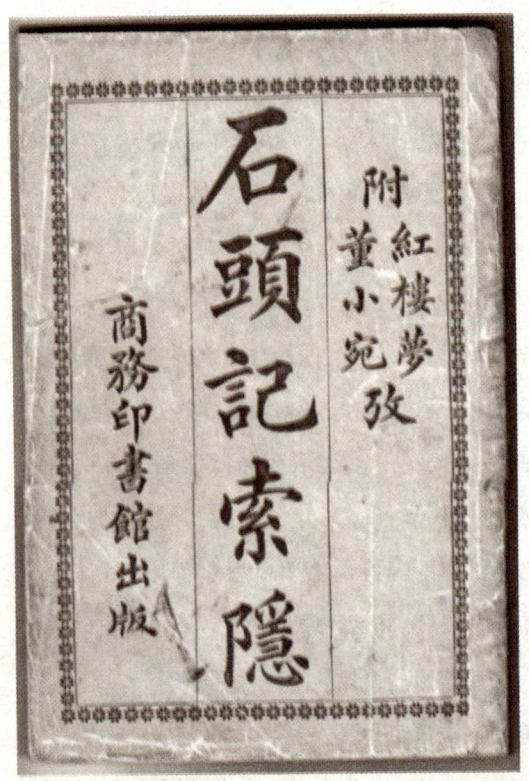

蔡元培著《石头记索隐》。

竹垞，探春影徐健庵，王熙凤影余国柱，如此等等。胡适也是红学专家。1921年，胡适推出他的《红楼梦考证》，系统地考证了《红楼梦》的作者、家世和版本，对以往的红学研究提出尖锐的批评，其中有很大篇幅是针对《石头记索隐》一书的。胡适把该书列为"附会的红学"的代表，谓之"走错了道路"，耻笑《石头记索隐》是"猜笨谜"、"大笨伯"。胡适的批评不可谓不尖锐，甚至还带有一定的讽刺和嘲笑。但是，蔡元培并没有因此而生气，更没有针锋相对、挖苦讽刺，而仅仅是在《石头记索隐》第六版自序中，对胡适的批驳提出商榷，申述自己进行《红楼梦》疏证的起因和方法，对胡适的批评进行辩驳，彰显了他的雍容大度，赢得了包括胡适在内的学界人士的普遍敬重。

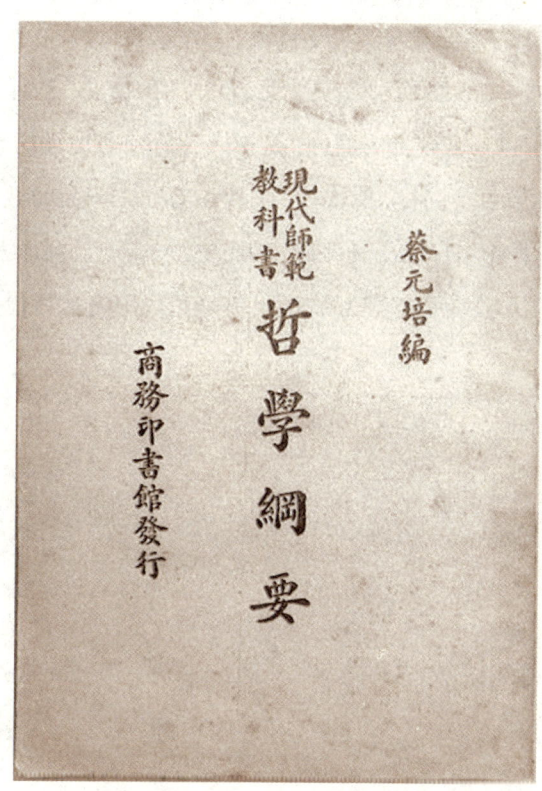

现代师范
教科书

哲学綱要

蔡元培编

商務印書館發行

蔡元培著《哲学纲要》（原名
《简易哲学纲要》）。

　　《简易哲学纲要》是蔡元培在旅欧期间编著的另一本哲学著作，1924年
3月15日完稿，同年由商务印书馆列为"现代师范教科书"的一种出版。全书
分绪论、认识问题、原理问题、价值问题、结论五编。蔡元培自述：除绪论和
结论之外，其余三编的内容主要取材于德国哲学家，新康德主义弗赖堡学派
创始人文德尔班（1848～1915）的著作《哲学入门》。该书1914年出版，1920年
再版时稍有修订。在《简易哲学纲要》的结论部分，蔡元培深刻阐述了哲学、
美学、宗教相互之间的关系。他指出：哲学是人类精神的产物，决没有偏取一
方面而排斥他方面之理；以伦理为中坚，而以论理与美学为两翼，这才是最中
正的哲学。宗教虽是哲学的初阶，但哲学发展以后，宗教就没有存在的价值。

因为在他看来："哲学自疑入，而宗教自信入；哲学主进化，而宗教主保守；哲学主自动，而宗教主受动。哲学上的信仰，是研究的结果，而又永留有批评的机会；宗教上的信仰，是不许有研究与批评的态度。所以哲学与宗教是不相容的。"同样，他认为，宗教虽有死守旧义的教会，要包揽真善美事业，但美术有"日日新，又日新"的历史，与常新的科学及道德相随而进化，而宗教则不能。"所以宗教的长处，完全可以用美术替代他。" [1]

[1]中国蔡元培研究会编：《蔡元培全集》（第5卷），浙江教育出版社1997年版，第237~238页。

三　首任民国教育总长

　　辛亥革命爆发后，蔡元培接到陈其美催其回国的电报，从德国启程返国，于1911年11月28日抵达上海。抵沪后他立即参与中华民国政府的筹建工作，先后在南京临时政府和北京政府中出长教育，成为中华民国历史上第一任教育总长。从1912年1月5日被正式任命为南京临时政府教育总长，至同年7月14日因不满袁世凯的独裁而获准辞职，前后历时半年。虽为时不长，但在中国教育发生转折的重大关头，蔡元培在教育总长这个重要的岗位上，领导和组织了全国范围内的教育改革，创建了中华民国新教育体制的基本框架，对中国教育的发展作出了重大贡献。

1912年1月南京临时政府参议院开幕典礼合影（前排左三为蔡元培，左五为孙中山）。

颁布教育法令，建立新教育秩序

蔡元培出任南京临时政府教育总长时，国内战事仍未结束，南北尚未统一。由于受战事的影响，各省学校大半停办，转瞬新春之后，将是新学期的开学时间，"各处学校将开办乎？抑仍停乎？开办将遵何法令乎？"成了当时教育界所面临的一个十分急迫的问题。另一方面，当时各省都督府，"多发临时学校令，省自为政，日趋分歧"。上述两方面的事实清楚表明，在社会新旧交替之际，迫切需要政府最高教育行政当局颁布统一的教育法令，使全国各地学校能有章可循、有规可依，并在此基础上，逐渐建立起新的教育秩序。蔡元培正是从当时教育界的这种实际需要出发，把制定和颁布新教育法令作为南京临时政府教育部一项重要的工作。

当时，蔡元培刚从德国回国，由于数年留学在外，对国内情况"殊多隔膜"。因此他虚心倾听教育界人士的意见，其中两人的建议对他影响很大。一位是蒋维乔，字竹庄，是蔡元培在中国教育会、爱国学社和爱国女学校时的老同事、老朋友。蔡元培登门向他请教："今者天下纷纷，尚未统一，论及教育，应如何着手？"蒋维乔提出两条建议，其一即是颁布普通教育办法。他说："对付目前环境，则应先拟民国教育暂行办法，俾各学校有所遵循。"蔡元培深以为是，并委托他"主持之"。另一位是陆费逵，字伯鸿，又字少沧，当时在上海主编《教育杂志》。他发表《敬告民国教育

1912年任教育总长时的
蔡元培。

总长》一文，认为："改革伊始，百端待理，缓急轻重，亟宜审慎。"在他看来，

"今日所尤急者"有四事：一是迅速宣布教育方针；二是颁布普通学校暂行简章；三是组织高等教育会议；四是规定行政权限。这四事后来均陆续为教育部所采纳施行。陆费逵在文中还提出，颁布普通学校暂行简章是为了供各省"春初开学之用"，在制订时应该注意以下各点：第一，目前各种设备及教科书，均为二学期制，故当仍其旧。阳历3月开学至暑假为第一学期，暑假后开学至来年2月底为第二学期。第二，改订课程表。中小学校一律删去读经，中学不分文科、实科。第三，小学校允许男女共学，除女子特加女红家事外，其余课程与男生一样。第四，教科书由各省自由采用，惟以不违背教育方针为限。第五，清学部旧章不违背民国宗旨者，暂许仍旧通用。[1]蔡元培读到此文后，深为赞赏，立即偕同蒋维乔去访问陆费逵，共商民初教育事宜，并请他草拟教育暂行办法。陆费逵在《我青年时代的自修》一文中，详述其经过情形：

---

[1] 陆费逵：《敬告民国教育总长》，《教育杂志》第3卷第10期，1912年1月。

1912年3月30日，孙中山（前排中）、蔡元培（三排左二）等人在南京临时政府总部合影。

民国元年，南京临时政府成立，蔡孑民先生任教育总长，就任之初即来沪与同人（仁）商教育进行。蔡先生拟刊行白话日报并修改前清学部教科书。我少年气盛，猝答曰："白话日报固为开民智之重要工具，但只可提倡民间为之，或由政府别行组织，非教育部之紧急工作。前清学部教科书，内容不合共和政体处，较民间出版者尤多，改不胜改。且编法太旧，文字太深，即改亦不合用。不如通令各学校仍用民间已出之教科书，其与共和政体不合者，列表删改可也。今距春季开学不过月余，政体初更，各省皇皇不知如何措手。我以为去泰去甚，定一暂行办法，并将要旨先电各省教育司，俾得早日准备开学，教育部第一步工作此为最要。"蔡先生以为然，并嘱起草。我与蒋竹庄先生商定一稿，即元年一月所颁之暂行办法及四条通电。[1]

除蒋维乔、陆费逵两人外，当时高梦旦、庄俞等人也一起参加了有关暂行办法的讨论。蒋维乔在《民元以来学制之改革》中说：余乃于未进教育部前，在商务印书馆编译所，与高梦旦、陆费逵、庄俞等计议，草定普通教育暂行办法通令，计一十四条。

蔡元培正是采纳了上述人士的建议，并在他们的具体帮助下，于1月19日，即启用中华民国教育部印信的当天，以教育部的名义，颁布了两个重要法令。一个是《普通教育暂行办法》，共14条，主要内容有：各级各类学堂均改称为学校，监督、堂长一律改称校长；小学一律于3月14日开学，中学、师范学校可根据地方财力自行决定，亦以能开学为主；在新学制未颁行以前，每年仍分两学期，自3月至暑假为第一学期，暑假后至来年2月底为第二学期；初等小学可以男女同校。各种教科书，必须符合共和民国宗旨，清学部颁行的教科书，一律禁止使用；民间通用的教科书，如在内容和形式上不合共和宗旨者，由各出版书局自行修改，学校教员亦可随时删改；小学读经科一律废止；小学应注重手工科；高小以上学校应注重兵式体操，初小算术自第三学年起，应兼课珠算；中学为普通教育，文、实不必分科；中学和初级师范学校均改为四年制；废止旧时奖励出身，各级学校毕业者，称某级学校毕业生。不难看出，这个法令在当时可能的情况下，对清末旧教育进行了诸多改革，对教育界所面临的"如何办学"这个紧迫问题，做出了许多重要规定。在新旧交替之际，它对于安定人心，稳定局势，建立新的教育秩序，起了非同一般的作用。正如蒋维乔所说："此区区十四条通令，革除前清学制之弊，开新学制之纪元，于全国教育停顿、办法分歧之时，赖此通令，得以维持，其影响实非浅

[1] 吕达主编：《陆费逵教育论著选》，人民教育出版社2000年版，第391～392页。

鲜。"[1] 舒新城亦谓:"当年之教育设施,全赖此十四条维持之。其影响不可泛视也。"[2] 5月间,北京政府教育部又在此基础上,改订普通教育办法九条,通令各省一律遵办。

1月19日颁布的另一个重要法令是《普通教育暂行课程标准》,共11条,规定了初小、高小、中学和师范学校的课程设置,以及各科每周教学时数等。此外,南京临时政府教育部在这个时期发布的重要通电、通告还有:1月29日,通电各省都督府筹办社会教育,指出社会教育,亦为今日急务,入手之方,宜先注重宣讲。要求各地根据实际情形,暂定临时宣讲标准,选辑材料,并配以有益于活动的影画,注意研究宣讲方法等。3月2日,通告各省高等以上学校一律禁止读《大清会典》、《大清律例》、《皇朝掌故》、《国朝事实》等有碍民国精神的书籍。5日,通告各省所属高等专门学校迅速开学。5月9日,通饬各书局将已出版的各种教科书送教育部审查,以便择其适用者,暂定为通行之本。上述各种法令、通电、通告的颁布施行,有力地推动了民国初年对旧教育的改革,促进了教育事业的恢复和发展。

创建民国教育行政机构

蔡元培在担任民国教育总长期间,所从事的另一项重要工作是创建教育行政机构,主要是创建中央教育行政机构——教育部。

在受命担任南京临时政府教育总长后,教育部还没有办公的地方。蔡元

---

[1] 陈学恂主编:《中国近代教育史教学参考资料》(中册),人民教育出版社1987年版,第164页。
[2] 舒新城编:《近代中国教育史料》(第2册),中华书局1928年版,第37页。

1912年孙中山（中坐者）召开最高国务会议（孙左二为蔡元培）。

培询问临时政府大总统孙中山，孙中山告诉他："此须汝自行寻觅，我不能管也。"蔡元培在南京城内连觅数日，后遇到时任江苏都督府内务司长的马相伯，马慨然允借碑亭巷内务司楼上三间房间，作为教育部办公处。1月9日，南京临时政府教育部在此正式宣告成立。当时诸事简陋，惟务实际。蔡元培以身示范，自奉俭约，"致以堂堂教育总长，亲诣大总统领印，白巾咫尺，裹一方寸物，乘人力车往返，见者骇为开国史之趣谈"[1]。后来他出长北京政府教育部，依然奉行节俭办事的原则。4月26日，接收清学部，遂开始在学部旧址办公。同一天，他在与部员谈话时强调：前清办学之种种靡费，其细情不外奢、纵二字。国家无论如何支绌，教育费万难减少。无已，惟有力行节俭，以为全国倡。

在教育部的机构设置上，蔡元培主张下设学校教育司、社会教育司和历象司。其中学校教育司分普通教育、专门教育、实业教育三科，社会教育司分

---

[1] 庄俞：《元年教育之回顾》，《教育杂志》第4卷第10号，1913年1月。

宗教、美术、编辑三科,历象司分天文、测候两科。3月底,南京参议院正式制定教育部官制,规定:教育总长管理教育、学艺及历象事务,监督全国学校,及所辖官署,下设一厅三司。这与蔡元培的主张十分接近。北京政府成立后,蔡元培也基本按照这一框架,重新组织教育部。教育部的机构设置,较前清学部有诸多改革,如将原学部所设总务、专门、普通、实业、会计五司改为三司,其中最重要的是在普通教育、专门教育两司外,增设社会教育司。蔡元培留学欧洲多年,深感欧洲各国社会教育发达,而我国年长失学者占全国的大多数,必须大力发展社会教育,"而后无人无时不可以受教育,乃可谓教育普及"。所以民国初年社会教育司的设立,是蔡元培普及教育思想的反映,在中国教育行政制度上具有开创意义。

在创建教育部的过程中,蔡元培最重视的是用人。在南京临时政府教育部,他邀请蒋维乔、钟观光、许寿裳、周树人(鲁迅)、王云五等入部襄助。在

中华民国南京临时政府教育部旧址。

筹组北京政府教育部时，他通过各种途径物色人才。如4月22日、23日、24日，他连续三天致电《民立报》，请转范静生、夏穗卿、袁观澜、钟宪鬯、蒋竹庄、许季茀、周豫才、谢仁冰、汤爱理、王云五、杨焕芝、胡梓芳、曹子谷、钱轶裴、高叔钦、陈墨涛、马振吾、林冰骨、赵幼梅、胡孟乐、张鼎荃、洪季苓、杨乃康、张燮和、许季上、伍仲文、伍博纯、王懋熔、冀贡泉等人，即日北来，以资臂助。《民立报》在电文前所加标题是《教育部求贤若渴》，真实地反映了当时的实际情况。

综观蔡元培用人，有两条重要原则：一是"为事择人，不设冗员"。南京临时政府教育部筹组时，只有总长、次长、蒋维乔和一个会计兼庶务，由于教育次长景耀月尚未到任，实际只有3人。教育部成立之后，投效者纷至沓来。当时临时政府各部，皆依照官制草案，呈荐人员，蔡元培则认为：办理部务，当与办社会事业同样，在正式政府未成立，官制在参议院未通过以前，不必呈荐人员。除总、次长已由大总统任命外，其余各人，概称部员，不授官职。为事择人，亦不必多设冗员。所以，其他各部人员，多或至百余人，惟教育部连缮写者在内仅30余人。部员津贴，上自总长下至录事，不分等级，每月一律30元。整个教育部开支，每月仅及千元。而工作效率却很高，每日自上午九时起，至下午四时半止，部员各负其责，各司其事，"绝无官署意味"。

然而，当蔡元培奉命北上迎袁世凯南下就职，次长景耀月代理部务期间，景耀月私自开列了数十人的名单，加以参事、司长、科长、秘书等名义，请总统府发委任状。其中除原部员外，新增的"大抵皆文学家而非教育家"。蒋维乔等对此深不以为然，将数十张委任状锁入铁箱内，不予发表。蔡元培回到教育部，在了解事情的缘由之后，认为在北京政府即将成立，南京临时政府各部即将移交的情况下，此举"不为其他教育行政的专家留若干地位，使继任的长官为难。又多人既被委任，而或为后任长官所淘汰，则反使本人难堪"，因此主张乘尚未正式发表之时取消它。蔡元培的建议不仅为蒋维乔等大多数人接受，景耀月也不反对。于是，蔡等人将这几十张委任状送还总统府，捍卫了"为事择人，不设冗员"的初衷。不过，此举也遭到了有些人的非议。蔡元培后来回忆说："闻秘书长胡君汉民深怪我此等举动，对于本党老同志不肯特别提拔。故政府北迁时，有人请胡君介绍入教育部，胡君对以'别部则可，教育部不能'。"[1] 即便如此，蔡元培仍坚持原则，不为所动。

　　蔡元培用人的另一条重要原则是唯才是用。它包括两层含义：其一，不管资历、学历。王云五当时年仅23岁，没有受过高等教育，在上海从事教育工作，与蔡元培素不相识。见报载蔡元培出任民国教育总长，他便将自己对民国高等教育改革的想法，写成书面意见寄给蔡元培，主要提出如下建议：废各省高等学堂，提高中学程度，大学设预科；大学允许私立，国立大学不应只限于北京，全国分区各设一所；各省设立专门学校，注重实用。蔡元培认为他所提建议极为中肯，即复函坚邀他到教育部"相助为理"。当时，王云五已任临时大总统府秘书，经请示孙中山，同意上午仍在总统府工作，下午到教育部办事。后来北京政府教育部成立，蔡元培仍请他北上，任职专

王云五（1888～1979）。

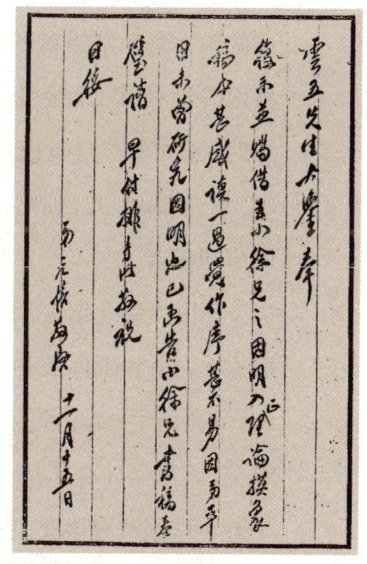

蔡元培手迹（致王云五函）。

---

[1] 高平叔编：《蔡元培全集》（第7卷），中华书局1989年版，第306页。

门教育司第一科科长，掌管"大学及游学生"事宜。两人从此结下了近三十年的友谊。1940年蔡元培在香港逝世，王云五是朋友中唯一随侍病榻的送终者。

唯才是用的第二层含义是不分党派。邀请范源濂出任北京政府教育部次长，可说是一个典型事例。范源濂（1875~1927），字静生，湖南湘阴人，早年留学日本，原为学部参事，籍隶共和党。蔡元培深知自己对教育偏于理想，而范源濂注重实践，两人合作，可以取长补短，于民国教育有益。所以他不顾国民党内的反对，两次亲自访问范源濂，对他说："我请出一位异党的次长，在国民党里边并不是没有反对的意见；但是我为了公忠体国，使教育部有全国代表性，是不管这种反对意见的。"又说："我之敢于向您提出这个请求，是相信您会看重国家的利益超过了党派的利益和个人的得失以上的。"[1]范源濂为蔡元培的真诚和以民国教育大局为重的精神所感动，终于不顾共和党内的反对意见，接受了蔡元培的要求。以后的事实证明，他们的合作是成功的。正如范源濂所说：在我们的合作期间，部里的人都是知无不言，言无不尽，讨论很多，却没有久悬不决的事。一经决定，立刻执行。虽然时间短，办的事却很多。

正因为蔡元培在用人上坚持了上述原则，所以当时教育部部员中不乏知名人士，除上述蒋维乔、钟观光、许寿裳、周树人、范源濂等之外，又有路孝植，路曾留学日本，原为学部员外郎；杨曾诰，曾留学英国，获文科硕士学位；林棨，曾留学日本专攻法律，原任学部参事。大家和衷共济，相互合作，致力于开创民国教育事业，在不长的时间内，取得了令人瞩目的成绩。蔡元培任教育总长期间的民国教育部，可以说是一个平民化的，精兵简政的，又是高效率的教育部。

---

[1] 梁容若：《记范静生先生》，《传记文学》第1卷第6期，1962年11月。

蔡元培（中）与许寿裳（右一）等人合影。

在着重创建教育部的同时，蔡元培也注意地方教育行政机构的建立，主要有：1912年2月，根据政府颁行的地方行政官制，裁撤各县劝学所，于县公署内设置第三科，管理全县教育事宜。同年5月，教育部发文，规定各省管理教育的行政机构统称为教育司。在不长的时间内，从中央到地方，初步建立起了民初教育行政机构的框架。

主张废除清末教育宗旨，
提出五育并举教育方针

随着南京临时政府的建立，清末"忠君"、"尊孔"的教育宗旨显然与共和政体不合。因此，颁布新的教育方针以取而代之是南京临时政府教育部所面临的又一项重要任务。前文所述陆费逵在《敬告民国教育总长》一文中，提出教育部急需办理的四事中，首列"速宣布教育方针"，即是反映了当时教育界的迫切愿望。蔡元培深知这一点，因此在出任教育总长后不久，即于2月8日、9日、10日，在《民立报》连续发表《对于新教育之意见》（后改题为《对于教育方针之意见》）一文[1]，提出以军国民教育、实利主义教育、公民道德教育、世界观教育、美感教育五育并举作为民国教育方针，并对这五种教育的内涵，以及它们之间的相互联系作了具体阐述。

军国民教育是清末由国外传入的一种教育思想。蔡元培认为，它并不是一种理想社会的教育，"军国民教育者，与社会主义僻驰，在他国已有道消之兆"。然而在中国，却是"今日所不能不采者"。原因主要有两个：一是从国际环境来看，我国处于"强邻交逼，亟图自卫，而历年丧失之国权，非凭借武力，势难恢复"。二是就国内情况而言，要打破军人成为"全国中特别之阶级"的局面，就非实行举国皆兵的制度，否则"无以平均其势力"。可见，蔡元培主张军国民教育，是为了对外实行自卫，对内反对军人强权统治，这在当时无疑是进步的。

实利主义教育强调"以人民生计为普通教育之中坚"，其主张最力者，甚至提出普通科学文化知识都应该寓于树艺、烹饪、裁缝及金、木、土、工之中。这种教育思想最初产生于美国，后来流行于欧洲，清末输入中国。蔡元培认为，在当今世界上，各列强之所以能相互竞争，"不仅在武力，而尤在财力。且武力之半，亦由财力而孳乳"。我国地宝不发，实业界组织尚幼稚，人民中失业者很多，国家十分贫穷。因此，"实利主义之教育，固亦当务之急者也"。

---

[1]《教育杂志》第3卷第11期发表的陆费逵的《民国教育方针当采实利主义》一文云："教育总长蔡君就任之始，以教育方针见询，余即以实利主义对之矣。"可见，蔡元培为撰写此文，曾征询过教育界有识之士的看法。

公民道德教育尤为蔡元培所重视。他认为军国民教育、实利主义教育固然重要，"为救时之必要"，能够强兵富国，但是强兵富国亦会给社会带来危害。兵强，"然或溢而为私斗，为侵略"；国富，"然或不免智欺愚，强欺弱"。因此，仅有军国民教育和实利主义教育还不够，必须"教之以公民道德"，"军国民教育及实利主义，则必以道德为根本"。

关于道德教育的内容，蔡元培写道："何谓公民道德？曰法兰西之革命也，所标揭者，曰自由、平等、亲爱。道德之要旨，尽于是矣。"[1]由此可见，蔡元培提倡的是西方近代的道德观念。主张用"自由、平等、博爱"作为道德教育的内容，比之传统的以三纲五常为主要内容的道德教育，无疑是一种进步。

需要指出的是，蔡元培在提倡西方道德观念时，并没有全盘否定中国传统的道德思想。恰恰相反，他试图论证近代西方"自由、平等、博爱"的道德观念，与中国传统的道德思想有相吻合的一面。他指出："孔子曰：匹夫不可夺志。孟子曰：大丈夫者，富贵不能淫，贫贱不能移，威武不能屈。自由之谓也。古者盖谓之义。孔子曰：己所不欲，勿施于人。子贡曰：我不欲人之加诸我也，吾亦欲毋加诸人。《礼·大学记》曰：所恶于前，毋以先后；所恶于后，毋以从前；所恶于右，毋以交于左；所恶于左，毋以交于右。平等之谓也。古者盖谓之恕……孔子曰：己欲立而立人，己欲达而达人。亲爱之谓也。古者盖谓之仁。"[2]把西方近代"自由"、"平等"、"博爱"的道德观念，分别比作中国古代儒家所提倡的"义"、"恕"、"仁"，这既反映了蔡元培的学贯中西，博通古今，同时也寄托着他的深邃用意。蔡元培素来主张要积极吸收外国文化，以"人之所长"，"补我之所短"，借以昌明中国的新文化。另一方面他又强调，

---

[1] 高平叔编：《蔡元培全集》（第2卷），中华书局1984年版，第131页。
[2] 高平叔编：《蔡元培全集》（第2卷），中华书局1984年版，第131~132页。

吸收外国文化时，"必择其可以消化者而始吸收之"，并且，"必须以'我'食而化之，而毋为彼所同化"。他批评有些志行薄弱者，一到国外留学，"即弃捐其'我'而同化于外人"。他把"自由"、"平等"、"博爱"比作"义"、"恕"、"仁"，正是试图站在"我"的立场上，吸收、消化西方近代道德观念。应该说，他的这种认识弥足珍贵。

如果说，军国民教育和实利主义教育在蔡元培之前就有人提倡，公民道德教育也是对清末"尚公"思想在内容上进一步拓宽拓深的话，那么，世界观教育和美感教育，则为清末教育宗旨所不道，而为蔡元培"尤所注重"。

世界观教育为蔡元培在中国近代教育史上所首创。他认为世界分为现象世界和实体世界两部分。它们之间的区别在于：前者是相对的，后者是绝对的；前者受因果律的支配，后者超轶于因果律；前者与空间、时间不可分离，后者无空间、时间；前者可以经验，后者全凭直观。他还认为，以创造现象世界幸福为目的，是政治家的事，宗教家以实体世界之事为目的，故排斥现象世界的幸福，"而教育者，则立于现象世界，而有事于实体世界者也"。所以，进行世界观教育，目的在于培养人对现象世界持超然态度，"无厌弃而亦无执著"，对实体世界则抱积极进取态度，"非常渴慕而渐进于领悟"。为此，他主张必"循思想自由言论自由之公例，不以一流派之哲学一宗门之教义梏其心，而惟时时悬一无方体无始终之世界观以为鹄"[1]。很显然，蔡元培的世界观教育，是建立在把世界划分为现象世界和实体世界这个唯心主义世界观的基础上的。然而，他要求人们遵循思想自由、言论自由的原则，不要被束缚于某一学说的思想，在当时具有打破几千年思想专制统治的解放作用。正如他自己后来所说，提出世界观教育，"意在兼采周秦诸子、印度哲学及欧洲

---

[1] 高平叔编：《蔡元培全集》（第2卷），中华书局1984年版，第133~134页。

蔡元培（左三）与中华教育改进社成员合影。　　蔡元培（右二）与中华教育改进社美育组成员合影（右一为刘海粟）。

哲学，以打破两千年来墨守孔学的旧习”[1]。

　　美感教育又称美育，亦是蔡元培“愿出全力以提倡”的。他认为美感教育是进行世界观教育最重要的途径，是人们从现象世界通向实体世界所必经的桥梁。他指出：“世界观教育，非可以旦旦而聒之也。且其与现象世界之关系，又非可以枯槁单简之言说袭而取之也。然则何道之由？曰美感之教育。美感者，合美丽与尊严而言之，介乎现象世界与实体世界之间，而为津梁。”[2]

　　美感教育为何如此重要？蔡元培认为这由其特性所决定。在他看来，人们从现象世界通向实体世界，存在的障碍不外两种意识：一是人我之差别，二是幸福之营求。有人我，则于现象中有种种之界画，而与实体违。有营求则当其未遂，为无已之苦痛。及其既遂，为过量之要索。循环于现象之中，而与

---

[1] 高平叔编：《蔡元培全集》（第7卷），中华书局1989年版，第197页。
[2] 高平叔编：《蔡元培全集》（第2卷），中华书局1984年版，第134页。

实体隔。因此，化人我之见，泯营求之念，便是从现象世界走向实体世界的关键。而美感教育的特性恰恰就在于此。他说在现象世界，人人皆有爱恶、惊惧、喜怒、悲乐之情，不过这种情感会随着人的离合、生死、祸福、利害等现象而改变。但美感教育，使人自美感以外一无杂念，人进入这种境界，则"已接触于实体世界之观念矣"。后来，在《以美育代宗教说》一文中，他把美感教育的这种特性说得更为明确："纯粹之美育，所以陶养吾人之感情，使有高尚纯洁之习惯，而使人我之见、利己损人之思念，以渐消沮者也。"[1]正因为美育具有陶养人的感情，陶冶人的性情，能够逐渐消解人我之见、利害之念，使人的道德品质高尚纯洁的特性，所以蔡元培谆谆告诫道："故教育家欲由现象世界而引以到达于实体世界之观念，不可不用美感之教育。"[2]

蔡元培的美感教育思想显然是受到康德美学思想的影响，他反复宣传美感的普遍性和超越性，虽也存在夸大美感教育作用之嫌，然而，他重视美感教育对于陶冶人的品性，培养人的情感所起的积极作用，主张在教育上对美感教育"应特别注重"，这些都是正确的，在今天依然是有意义的。

尤其应该指出的是，蔡元培大力倡导美感教育，对于创建中国近代美育事业产生了重大影响。虽然早在蔡元培之前，王国维已于1906年在《论教育之宗旨》一文中提出：独美之为物，使人忘一己之利害而入高尚纯洁之域，此最纯粹之快乐也。主张把智育、德育、美育作为心育，加上体育，作为教育宗旨。不难发现，王国维的美育思想与蔡元培有共通之处。但是，蔡元培倡导美感教育在实际中所起的作用更为显著，这是王国维不能望其项背的。他作为中华民国临时政府教育总长，在创立新教育体制的过程中，大力宣传和提倡美感教育，并逐步付诸实施，从而使美感教育成为民国教育宗旨的一项具

---

[1] 高平叔编：《蔡元培全集》（第3卷），中华书局1984年版，第33页。
[2] 高平叔编：《蔡元培全集》（第2卷），中华书局1984年版，第134页。

体内容，成为国家教育事业的一个重要组成部分。

上面五种教育，蔡元培认为尽管各自的作用不同，然而均是"养成共和国民健全之人格"所必须的，是统一的整体所缺一不可的。他借用人体各种器官的生理功能，作了一个形象的说明。他说：譬之人身，军国民主义者，筋骨也，用以自卫；实利主义者，胃肠也，用以营养；公民道德者，呼吸机循环机也，周贯全身；美育者，神经系也，所以传导；世界观者，心理作用也，附丽于神经系，而无迹象之可求。此即五者不可偏废之理也。同时，他又指出，五种教育并不是平分秋色，没有重点的，而必须以公民道德教育为根本，"五者以公民道德为中坚，盖世界观及美育皆所以完成道德，而军国民教育及实利主义，则必以道德为根本"[1]。可见，蔡元培五育并举的思想，是指以公民道德教育为中心的德智体美诸育和谐发展的教育思想。其中，世界观教育和美育是为了完成道德教育，军国民教育和实利主义教育又必须以道德教育为核心。这种教育思想的明确提出，在中国近代教育史上是第一次。

值得注意的是，蔡元培还认为，在教育实践中，在从事各具体学科的教学时，五种教育并不是孤立地进行的，而往往是相互联系、相互交融在一起。他写道：历史、地理，实利主义也。其所叙述，得并存各主义。历史之英雄，地理之险要及战绩，军国民主义也；记美术家及美术沿革，写各地风景及所出美术品，美育也；记圣贤，述风俗，德育也。因历史之有时期，而推之于无始终，因地理之有涯涘，而推之于无方体，及夫烈士、哲人、宗教家之故事及遗迹，皆可以为世界观之导线也。这就是说，历史、地理科的教学，融实利主义教育、军国民教育、美育、德育和世界观教育于一身。又如算学教学，也既有实利主义教育，又有世界观教育和美育，其他各学科如修身、物理、化学、博物学、图画、唱歌、手工、体操等亦然。当然，蔡元培也指出，由于各学

---

[1] 高平叔编：《蔡元培全集》（第2卷），中华书局1984年版，第263页。

1934年11月23日，蔡元培（左六）参加上海美术专科学校新校舍奠基典礼。

科的性质不同，每一学科所承担的各种教育有主次之分，有多寡之别。"本此五主义而分配于各教科，则视各教科性质之不同，而各主义所占之分数，亦随之而异。"[1]蔡元培这种认为具体某一门学科有多重教育功能的思想，是十分宝贵的，它符合教学工作实际，反映了教学的客观规律。可以说，这也是蔡元培五育并举思想的一个重要内容。

蔡元培的文章刊载后，引起了教育界的重视，许多人著文发表看法，开展了有关民国教育方针的讨论。赵廷炳、陆费逵两人主张以实利主义为教育方针。如陆费逵在《民国教育方针当采实利主义》一文中指出：国民教育，智、德、体三者不可偏废，各种主义自无不包含之理，然而"兼采多数方针，实不啻无方针"。他从当时"吾国大患尤在夫贫"的情况出发，主张"今日教育方

[1] 高平叔编：《蔡元培全集》（第2卷），中华书局1984年版，第135页。

针，亟采实利主义以为对症之药"，并且认为"实利主义非惟药贫，实足以增进国力、高尚人格，非此则他四主义亦将无所附丽"。陈启彤主张以公民道德为教育方针，郑允恭则主张以军国民教育为主，实利主义教育为从的教育方针。庄俞赞同郑允恭将教育方针分为主从的说法，但在主从的区分上，适与其相反，主张"当以实利主义为方针之主，以军国民主义为方针之从"。应该说，上述各种意见均有各自的道理，从某一侧面突出了民国教育的重点。然而它们都偏于一隅，要作为民国教育方针，显然是不适宜的。而蔡元培所提出的五育并举的教育方针，适应了辛亥革命后改革封建教育的需要，反映了"养成共和国民健全之人格"的要求，顺应了当时社会变革的潮流，因而理所当然地成为民国教育宗旨的理论基石。1912年9月2日，北京政府教育部根据全国临时教育会议的决议，公布的教育宗旨是："注重道德教育，以实利教育、军国民教育辅之，更以美感教育完成其道德。"[1] 很明显，它基本上接受了蔡元培的教育主张。因此，认为蔡元培是民国教育宗旨的理论奠基者，实不为过。

拟订学制草案，筹划和主持召开临时教育会议

蔡元培在受命担任南京临时政府教育总长后，蒋维乔向他建议：当时国内军事未毕，实施教育，尚非其时。不过帝制推翻，民国成立，前清学制，全不适用，且为天下诟病已久，不如于此数月中，先行草拟民国学制。蔡元培深以为然，并立即付之于实际行动。因而拟订学制草案，也是南京临时政府教

---

[1]《教育杂志》第4卷第7期"法令"栏，1912年10月10日。

育部一项十分重要的工作。

当时，教育部专门成立了学制起草委员会，邀集教育界著名人士以及从英、美、德、法、俄、日等国回来的留学生，各就所长，分别起草有关小学、中学、专门学校以及大学的各项制度。蔡元培不仅是此项工作的组织者和领导者，而且还直接参与了起草《大学令》。南京临时政府教育部存在的时间不长，1912年1月9日正式成立，3月22日宣布解散，前后历时才两个多月，"而中华民国全部学制草案，实于此时大略完成"。为了广泛听取教育界及社会各界人士的意见，又将学制草案的三个初稿在教育刊物全文登载。"迨南北统一，正式政府成立，教育部迁移北京，再将草案修正。于暑假期内，召集临时教育会议，提出通过，始于元年之初，陆续以部令颁布全国。"[1]

民国初年学制，后来在实施过程中暴露出诸多弊端，教育界渐觉其不适应，批评渐多，"诋毁教育部只知抄袭日制"。然而事实上，在编订学制草案时，最初"志愿甚弘"，拟遍采欧美各国学制之长，再结合我国自己实际的教育经验，力求"成一最安全之学制"，但实际情况却不尽如人意。当时从欧美留学回国的人，专习教育者甚少，难以领会欧美学制的立法精神，译出的文件大半不适用，而且欧美学制毕竟与我国的实际相距甚远。所以，起草委员会屡经讨论，仍趋重于采取日本学制。另一方面，我国当时教育界办学经验的实际情况是，由于小学校较为丰富，故该学制初、高等小学校全能结合国情，表现出特色；而中等教育尚未发展，经验殊少，在专门和大学教育方面，更是茫然，除了对日本学制作点增损，再增加些本国课程外，实无经验可言。因此，蒋维乔认为：民国初年学制存在的不足，不能全归咎于教育部。是盖时代为之，一般人之经验学识，只有此限度也。平心而论，这个评论是中肯的。

---

[1] 蒋维乔：《民国教育部初设时之状况》，舒新城编：《近代中国教育史料》（第4册），中华书局1928年版，第196页。

为了集中全国教育界的智慧，推进教育的改革和发展，在中国建立比较完整的新教育体制，蔡元培精心筹划并主持召开了中华民国成立后的第一次中央教育会议，即全国临时教育会议。为了开好这次会议，蔡元培作出了一系列安排，重要的有：

1912年5月8日，教育部通电各省，拟于暑假前召开临时教育会议，讨论学制系统、学校规程等问题。

5月13日，通告临时教育会议于7月10日至8月10日在北京举行，各省推选议员二人，"以曾受师范教育，办学三年以上者为合格"。

5月25日，教育部将筹开临时教育会议的缘由，以及会议章程九条、议事规则七章四十五条，缮呈大总统鉴核。27日，以部令公布。其中章程第三条规

北京临时政府唐绍仪内阁成员合影。左一为任教育总长的蔡元培。

定议事内容为：学校系统、学校规程、学校由中央管辖与地方管辖之划分、蒙回藏教育、小学教员优待及检定法、国歌、高等教育会议组织法等。第四条规定会议议员由四部分人组成：甲、由教育总长延请者；乙、由各省及蒙藏各推举二人、华侨一人；丙、由教育总长于直辖学校职员中选派者；丁、由教育部咨行内务、财政、农林、工商、海、陆军各部派出者。

会议于7月10日在北京正式召开，8月10日闭幕，前后历时一个月。被延请及推举与会者共82人。蔡元培在开幕词中深刻地阐述了这次会议的重要性，他指出："今日之临时教育会议，即中华民国成立以后第一次之中央教育会议。此次会议，关系甚为重大，因有此次会议，而将来之正式中央教育会议，即以此次会议为托始。且中国政体既然更新，即社会上一般思想亦随之改革；此次教育会议，即是全国教育改革的起点。"[1]虽然在会议开幕后不久，于7月14日蔡元培便辞去教育总长职，改由次长范源濂继任，但会议仍按原定议程进行。教育部预备提交会议讨论的议案为48件，最后议决的有《教育宗旨案》、《学校系统案》、《小学教育令案》、《中学校令案》、《师范教育令案》、《划分学校管辖案》、《蒙回藏教育计划案》、《小学教员俸给规程案》、《中央教育会议组织办法案》、《教育会组织法案》等23件。[2]上述议决案大都由教育部在1912年至1913年陆续颁布施行，从而建立起了中华民国教育体制的最初样式。大量事实表明，蔡元培正是这个新教育体制的重要奠基人。

---

[1] 高平叔编：《蔡元培全集》（第2卷），中华书局1984年版，第262页。

[2] 《第二次中国教育年鉴》（第2编），商务印书馆1948年版，第58页。

四　北京大学校长

　　知难而上，担任北京大学校长，"博采众议，厉行革新"，将封建官僚习气很浓的旧北京大学，改造成为一所思想活跃，充满生机的名副其实的中国最高学府，并在此基础上形成了系统的颇有特色的大学教育理论。从而，不仅对北京大学的发展，对中国近代高等教育事业的发展产生了重要影响，而且还"对一个民族、一个时代起到转折作用"，这是作为教育家的蔡元培一生中最有作为的一个重要时期。

1917年6月，北京大学中国哲学门第一届毕业班师生合影（前排右五为蔡元培，前排右四为陈独秀）。

知难而上，出长北大

1916年9月1日，蔡元培接到北京政府教育总长范源濂的一封电报，请他担任北京大学校长。电文云：国事渐平，教育宜急。现以首都最高学府，尤赖大贤主宰，师表群伦。海内人士，咸深景仰。用特专电敦请我公担任北京大学校长一席，务祈鉴允，早日归国，以慰瞻望。

当时蔡元培正旅居法国，电报是由中国驻法使馆转送的。蔡元培对这份电报的反应，态度是相当积极的。他9月1日收到电报，9月23日已购买回国船票，10月2日即偕夫人黄仲玉、长女威廉、三子柏龄启程回国。他还远道专程往访李石曾，约其一起到北京大学任职。

11月8日，蔡元培一行回到上海。朋友中对他担任北大校长，意见颇不一致，多数人反对，少数人赞成。据他在《我在北京大学的经历》一文中说："民国五年冬，我在法国，接教育部电，促回国，任北大校长。我回来，初到上海，友人中劝不必就职的颇多，说北大太腐败，进去了，若不能整顿，反于自己的声名有碍。这当然是出于爱我的意思。但也有少数的说，既然知道他腐败，更应进去整顿，就是失败，也算尽了心。这也是爱人以德的说法。"在两种不同意见中，孙中山持赞成说。在他看来，像蔡元培这样的老同志应当去那历代帝王和官僚气氛笼罩下的北京，主持全国最高学府，不仅有利于教育的发展，而且还能促进革命思想的传播，所以他主张蔡元培北上就职。蔡元培自己也认为，担任大学校长不是做官，于是决定前往。他后来回忆说："我到底服从后说，进北京。"

蔡元培一生难进易退，而这次却知难而上，孙中山的劝说固然是起了很大作用，但更同他重视大学的思想密切相关。蔡元培重视教育，尤为重视大学教育。在他看来，大学教育不仅直接关系普通教育的发展，而且还影响一个地区，乃至国家的文化进步。他曾说："没有好大学，中学师资那里来？没有好中学，小学师资那里来？"还说："每一省会，没有一种吸集学者的机关（指大学），使各省文化进步较缓。"

蔡元培重视大学教育的思想，在1912年他亲手制定颁布的《大学令》中得到了充分体现。《大学令》规定：大学以教授高深学术，养成硕学闳材，应国家需要为宗旨；大学分为文、理、法、商、医、农、工7科，以文、理工科为主，其中文、理二科并设者，或文科兼法、商二科者，或理科兼医、农、工三科或二科，一科者方可称为大学；大学为研究学术之蕴奥，设大学院，招收各科毕业生和有同等学力者，没有规定年限，如有新发明之学理，或重要之著述，经大学评议会及该生所属科之教授会认为合格者，授予学位；大学各科学生修业期满，考试及格，授以毕业证书和学士学位；大学设校长一人，总辖大学全部事务。各科设学长一人，主持一科事务；大学设教授、助教授，必要时延聘讲师；大学设评议会，以各科学长及各科教授互选若干人为会员，校长自为议长；大学各科各设教授会，以教授为会员，学长自为议长；私人或私法人亦可设立大学。《大学令》明确规定了大学的性质、地位、结构和管理体制的各方面，初步确立了我国现代大学的教育体制。它既是我国近代大学发展史上一个划时代意义的重要文献，也是蔡元培大学教育思想的一次集中表露。

人的思想行为往往与经历密切相关。蔡元培决定出长北大，还因为他与北大有着一段历史因缘。1906年秋，蔡元培为赴德国留学在北京等候派遣时，应京师大学堂译学馆监督、同乡章梫之邀，受聘任译学馆教习，讲授国文及西洋史。据译学馆学生陈诒先回忆：蔡先生"讲起书来，极其活泼有趣，大家上他的课，都觉得乐此不疲了"，深受学生欢迎。蔡元培后来回忆说：我在民国元年前六年，曾任译学馆教员，讲授国文及西洋史，是为我在北大服务之第一次。事实上，蔡元培除授课之外，还为任教的乙级、丙级编写国文、西洋史的讲义，只是因中途离任而未能完成。

蔡元培另一次与北京大学发生直接联系是在民初教育总长任上。经他向总统建议和推荐，京师大学堂改名为北京大学校，严复为首任校长。1912年5月，北京大学本科和预科复课，举行开学典礼。蔡元培出席开学典礼，并在演讲中强调"大学为研究高尚学问之地"，表明了他对北京大学的期望。

另据记载，北京大学校长何燏时因为在学校管理上措施不当，引起学生风潮，被迫提出辞职。北大一时群龙无首，教育部一度曾希望蔡元培能出来担任，对北大进行改革和整顿。蒋维乔秉承代理部务的教育部次长董鸿祎的旨意，于1913年6月21日专程去上海，商请

蔡元培先生手迹（京师译学馆校友录题词）。

蔡元培出任北京大学校长。蔡元培在当天的日记中也记载说："竹庄来，以大学校长事相商。"相商的结果显然是没有成功。原因究竟何在，目前不得而知。

由上可见，蔡元培不顾多数朋友的劝阻，毅然出任北京大学校长，就是想通过对北京大学的改革，办好这一所自己曾服务过、关注过的全国最高学府，以此来影响和推动我国教育文化事业的发展，从而使国家转危为安，走上繁荣富强的发展道路。蔡元培的这一意愿，在其担任北大校长后不久，于1917年1月18日《复吴敬恒函》中表露得十分清楚。他写道："弟到京后，与静生、步洲等讨论数次，觉北京大学虽声名狼藉，然改良之策，亦未尝不可一试，故允为担任。"随后不久，他在3月15日《致汪兆铭函》中又说："在弟观察，吾人苟切实从教育着手，未尝不可使吾国转危为安。而在国外所经营之教育，又似不及在国内之切实。弟之所以迟迟不进京，欲不任大学校长，而卒于任之者，亦以此。昔普鲁士受拿破仑蹂躏时，大学教授菲希脱为数次爱国之演说，改良大学教育，卒有以救普之亡。而德意志统一之盛业（普之胜法，群归功于小学校教员，然所以有此等小学校教员者，高等教育之力也），亦发端于此。"[1]

李石曾也回忆说：蔡元培在决定就任北京大学校长时，曾邀约好友一起去整理这所全国最高学府，将此"引为吾人共同之责任"。历史事实告诉我们，在旧中国，光靠教育不可能使"吾国转危为安"。然而蔡元培以救国为己任，希望通过办理北京大学，从而使国家摆脱贫穷落后的愿望是真诚的，而他为此而矢志不渝，勇于探索，努力奋斗的精神，更是令人肃然起敬。

1916年12月26日，总统黎元洪颁布命令："任命蔡元培为北京大学校长"。北京大学是全国最高学府，蔡元培是学界名流。因此，蔡元培出长北大

---

[1] 中国蔡元培研究会编：《蔡元培全集》（第10卷），浙江教育出版社1997年版，第295页。

北京大学校长任命状。

一事, 备受当时舆论界关注。蔡一到北京, 上海《中华新报》便在"北京特别通讯"栏中报道称: "蔡孑民先生于二十二日抵北京, 大风雪中, 来此学界泰斗, 如晦雾之时, 忽睹一颗明星也。"正式任命发布后, 更是引来一片好评。12月28日, 天津《大公报》发表《为大学校前途祝》的述评云: "蔡元培之大学校校长, 酝酿许久, 始见任命……蔡君留法有年, 学贯中西, 今既得膺斯职, 定能为教育界放一异彩。"12月29日, 上海《时报》在《欢迎蔡元培》的时评中也说: "政府昨已正式任命蔡元培氏为国立大学校长矣, 此诚教育前途之一线曙光。夫国立大学, 所以绾全国文明之枢纽, 树全国学风之模范, 其关系至巨。今蔡氏秉绩学之奇姿, 以刚毅之精神出而任此, 我知其必大有造于教育界也。"舆论界普遍为北京大学幸庆得人, 可见蔡元培出长北大, 是众望所归, 人心所向。

1917年1月4日, 蔡元培到北京大学视事, 发布就职通告: "民国五年十二月二十六日, 奉大总统令: '任命蔡元培为北京大学校长, 此令。'等因, 奉此, 元培遵于六年一月四日到校就职。除呈报外, 特此通告。"宣告正式开始履行校长职务。这一天，蔡元培到校，工友们在校门口列队恭恭敬敬地向他行礼以示欢迎，他一反以前历任校长目中无人、不予理睬的惯例，而是脱下自己的礼帽，郑重其事地向工友们鞠躬还礼，这使工友和学生大为惊讶。他们从蔡元培这不同寻常的行为中，真切地感受到这是位不同凡响的校长。蔡元培正是在他们的新鲜感和热切期待中，开始了他在北大的履新。

在《我在北京大学的经历》一文中，蔡元培说：综计我居北京大学校长的名义，十年有半；而实际在校办事，不过五年有半。具体情形是：从正式任命至1923年1月之前，在这段时期内，除1920年11月至1921年9月，他因赴欧美各国考察，由蒋梦麟代理校长外，其余有五年多时间均是他直接主持北京大学校务。1923年1月，蔡元培为抗议教育总长彭允彝干涉司法独立、蹂躏人权，提出辞职，愤然离校出京。7月20日，蔡元培再度离沪赴欧。在他出国期间，由蒋梦麟代理北大校长。1926年2月，蔡元培应北京政府教育部电促回国到上海。当时京津间有战争，无法北上返职。随后又因胃疾大发，医生禁止做长途旅行，留在南方养病。1927年4月，南京国民政府成立，6月，蔡元培出任大学院院长。在此期间，他一直留在南方，但在名义上仍为北大校长。1927年8月，奉系军阀政府颁布张作霖"大元帅令"，将北京大学等北京国立九校合并成立"国立京师大学校"，原北大文、理科改为京师大学校文、理两科，原北大法科并入原北京法政大学，称法科第二院。京师大学校校长由教育总长刘哲兼任，蔡元培北大校长的名义，于是时取消。

然而此后，蔡元培又曾两度被任命为北京大学校长。一次是1928年6月，蔡元培在国民政府第70次会议上，提议废除京师大学校之称，恢复北京大学之名。结果政府下令将京师大学校改称为中华大学，由蔡元培兼任校长。另一次是1929年9月，蔡元培又被任命为北京大学校长。不过，这两次蔡元培均未赴任。前者由李石曾署理，不久即接受蔡元培的辞呈，由李任中华大学校长；后者由陈大齐代理，一年后，即1930年9月，蔡元培被获准辞去北大校长职务。

由上可知，蔡元培在北大实际主持工作的时间并不长，但由于他办学目标明确，指导思想先进，改革措施切实有效，使北大"学风丕振，声誉日隆"，面貌焕然一新。因而，蔡元培主持北大的这段时期，是北大历史上一个非常重要的发展阶段，同时也是蔡元培一生中一段最出彩的历史。从某种意义上说，北京大学因为有了蔡元培才成为名副其实的最高学府；蔡元培也因为在北大实施了卓有成效的改革，才成为中国近代教育史上一位伟大的教育家。

任北京大学校长的蔡元培。

主张大学为"研究学理的机关"

"大学并不是贩卖毕业证书的机关，也不是灌输固定知识的机关，而是研究学理的机关。"[1]这是1919年9月20日，蔡元培在《北大第二十二年开学式演说词》中的一段话。这段话集中表述了蔡元培"学术本位"的办学理念，也是他改革北京大学的根本指导思想。为了贯彻这种新的办学理念，蔡元培着重抓了以下三方面的改革。

[1] 中国蔡元培研究会编：《蔡元培全集》（第3卷），浙江教育出版社1997年版，第700页。

1. 改革学生的观念

改革学生哪些观念呢?

第一,"不当以大学为升官发财之阶梯"。蔡元培说,早在他任职京师大学堂译学馆时,就知道学生平日对于学问并没有多大兴趣,只是为了混满年限后,可以得到一张毕业文凭。教员也不用心教课,往往把第一次的讲义照样印出来,按期分发给学生,在讲台上读一遍,学生觉得无趣,或瞌睡,或看杂书,下课时把讲义带回去,堆在书架上。等到学期、学年或毕业考试,若教员认真的,学生就拼命地连夜读讲义,背讲义,只要把考试应付过去,就再也不去翻一翻。要是教员通融一点,学生就先期要求教员告诉要出的题目,至少要划出一个出题的范围。教员为避免学生的不满与顾全自己的面子,往往把题目或范围告诉学生。

于是,学生学习不用功、不认真的坏习惯有了保障。尤其是北京大学的学生,他们是从京师大学堂老爷式学生嬗继下来的,虽然自辛亥革命以来,学校也进行了一些改革,发生了某些变化,然而其封建官僚习气依然很浓。他们的目的,不但在毕业,更在毕业以后的出路。所以专门研究学术的教员,他们不见得欢迎。要是点名时认真一点,考试时严格一点,他们就借个话头反对他,甚至不惜罢课。而如果换一位在政府有地位的人来兼课,虽时时请假,年年发旧讲义,学生还是欢迎得很,因为毕业后可以有阔老师做靠山。蔡元培指出:这种科举时代遗留下来的劣根性,是于求学上很有妨碍的,是北京大学"著名腐败的总因"。因而,他到北大后第一次演说,就强调"大学学生,当以研究学术为天职,不当以大学为升官发财之阶梯"。

第二,大学不是"职业教育机关"。在蔡元培看来,"学术"可以分为"学"与"术"两个名词,两者虽关系极为密切,"学为基本,术为支干","学"必借"术"以应用,"术"必以"学"为基础,但学习的旨趣是不同的。

京师大学堂旧址。

他写道："文、理，学也。虽亦有间接之应用，而治此者以研究真理为的，终身以之。所兼营者，不过教授著述之业，不出学理范围。法、商、医、工，术也。直接应用，治此者虽亦可有永久研究之兴趣，而及一程度，不可不服务于社会；转以服务时之所经验，促其术之进步。与治学者之极深研几，不相侔也。"[1] 为了表示"学"与"术"的区别，他主张"治学者可谓之'大学'，治术者可谓之'高等专门学校'。两者有性质之别，而不必有年限与程度之差。"所谓"性质之别"，主要是培养目标的不同。"在大学，则必择其以终身研究学问者为之师，而希望学生于研究学问以外，别无何等之目的。其在高等

[1] 高平叔编：《蔡元培全集》（第3卷），中华书局1984年版，第149~150页。

专门，则为归集资料，实地练习起见，方且于学校中设法庭、商场等雏形，则大延现任之法吏、技师以教之，亦无不可。即学生日日悬毕业后之法吏、技师以为的，亦无不可。"[1] 正是鉴于上述认识，蔡元培认为如果只是为了将来谋个好职业，图得生活滋润便利，那么就应该去读各种专科学校，如入法科者尽可肄业法律学堂，入商科者亦可投考商业学校，又何必来此大学？进大学的目的与此不同，就是"为求学而来"。入法科者，非为做官；入商科者非为致富。千万"不要误认这学问机关，为职业教育机关"。

第三，大学"不是灌输固定知识的机关"。蔡元培指出，大学是研究学理的机关，学者不仅自己应当有研究学问的兴趣和能力，而且还应该能够引起学生的研究兴趣。同样，大学生也不是熬资格，不是死记硬背讲义，而必须在教师指导下自动地研究学问。

蔡元培之所以强调要转变上述三种观念，是因为它们在学生中不同程度地存在，其中尤以第一种，即把大学看作为是"升官发财之阶梯"的观念影响最大，危害尤烈。蔡元培说：徒志在做官发财，宗旨既乖，趋向自异。造成学生平时学习不用功，考试则背讲义，不问学问有无，惟争分数高低，考试结束，束书不观，敷衍三四年，潦草塞责，一俟文凭到手，即借此活动于社会。其结果，光阴虚度，学问毫无，是自误也；出而任事，或担任讲席，则必贻误学生，或置身政界，则必贻误国家，是误人也。

把大学当作升官发财的阶梯，还是看作研究学理的机关，这是两种完全不同的理念。前者是中国科举时代遗留下来的旧观念，是古代大学的办学宗旨，代表的是"官本位"文化；后者是近代西方的新思想，是现代大学的办学理念，代表的是"学术本位"文化。在中国现代大学历史上，蔡元培是第一位明确提出以"学术本位"立校的大学校长。这是在办学指导思想上的一次重

[1] 高平叔编：《蔡元培全集》（第3卷），中华书局1984年版，第150页。

大变革，是对数千年来中国传统办学观念的一次重大冲击，在当时具有振聋
发聩的作用，在中国高等教育发展史上具有划时代的意义，而且对于我们重
构现代大学制度也有重要启迪。

2. "聘请积学而热心的教员"

要整顿北京大学的腐败，改变北大学生的观念，使北大真正成为一所研
究高深学问的学府，关键在于教师。对此，蔡元培说得很明确，要打破北大
学生不重视学术的习惯，"止有从聘请积学而热心的教员着手"。又说："广
延积学与热心的教员，认真教授，以提起学生研究学问的兴会。"

蔡元培整顿北大从文科做起，他延聘教员从聘请文科学长开始。在到北
大视事之前，他先找医专校长汤尔和了解情况。汤向他推荐陈独秀，认为陈
主编《新青年》杂志，确可为青年的指导者，并给他《新青年》杂志十多本。
差不多在同时，北大预科国文主任沈尹默也向他推荐陈独秀。沈回忆说：有
一天，他从北京玻璃厂经过，忽然遇上陈独秀，故友重逢，喜出望外。他即告
诉蔡元培，陈独秀到北京来了，并向蔡推荐陈任北大文科学长。蔡先生甚是
高兴。事实上，蔡元培也知道陈独秀其人。在他与刘师培一起办《警钟日报》
时，刘曾向他语及有一种在芜湖发行的白话报，即《安徽俗话报》，发起的若
干人，都因困苦及危险而散去了，唯陈独秀一个人又支持了好几个月。因此，
蔡元培对于陈独秀"本来有一种不忘的印象"，现在听了汤尔和、沈尹默的
介绍，又翻阅了《新青年》杂志，遂决意聘请陈独秀担任北京大学文科学长。
他获悉当时陈寓居北京前门外一旅馆，"即往访，与之订定"。据当时和陈独
秀一同到北京的亚东图书馆经理汪孟邹及其侄子汪原放的记述，蔡元培首
次访问陈独秀的时间是1916年12月26日，即他被正式任命为北京大学校长的
同一天。"12月26日，早9时，蔡子民先生来访仲甫，道貌温言，令人起敬。"陈
独秀为亚东及群益书社筹集资金，白天外出四处接洽，晚间看戏，晚睡迟起，

文科学长陈独秀。

1920年，蔡元培为《新青年》五一劳动节纪念专号题词。

"蔡先生差不多天天来看仲甫，有时来得很早……他招呼茶房，不要叫醒，只要拿个凳子给他坐在房门口等候"[1]。最初陈独秀不想受聘，说要回上海办《新青年》。蔡元培就劝他，把《新青年》杂志搬到北京来办，于是他才答应就任。蔡元培待人之诚，终于感动了陈独秀。

1917年1月13日，教育部根据蔡元培的呈请，发布第3号部令，正式任命陈独秀为北京大学文科学长。陈随即到北大文科任职，并将其主编的《新青年》杂志社也迁到北京，社址即设在北池子箭杆胡同9号陈的住宅。

《新青年》杂志社搬到北京后，钱玄同、胡适、李大钊、刘半农、沈尹默、高一涵等先后加入编辑部，与陈独秀轮流主编，每人负责一期。《新青年》提倡民主和科学，反对旧道德，提倡新道德，反对旧文学，提倡新文学，俄国十月革命后介绍马克思主义，在当时思想界影响很大。蔡元培将陈独秀请到北大，不仅推进了北大文科的改革，尤为重要的是，以《新青年》为阵地，团结了北大文科中一批具有新思想的教员，对北大成为五四新

[1] 高平叔：《蔡元培年谱长编》（上册），人民教育出版社1996年版，第631~632页。

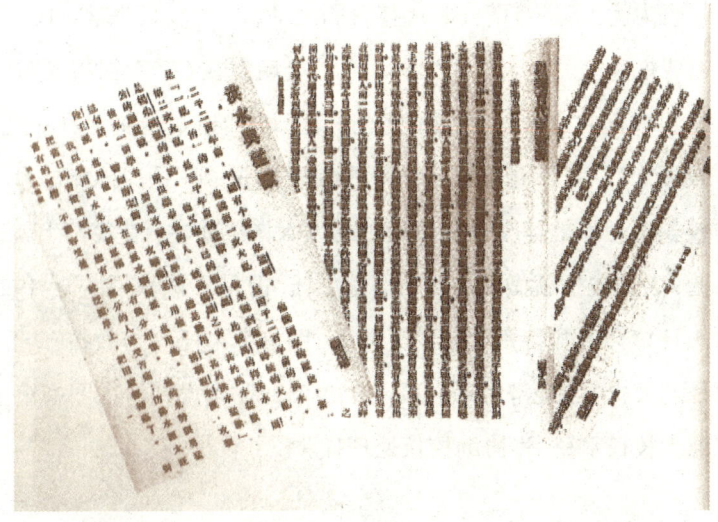

五四时期蔡元培发表在《新青年》杂志上的部分文章：《洪水与猛兽》、《以美育代宗教说》、《劳工神圣》。

文化运动发源地产生了积极作用。

继陈独秀之后，蔡元培引进北大的另一位重要的新派教员是李大钊。李大钊，1913年毕业于天津北洋法政专门学校，同年底赴日本留学，进入早稻田大学政治本科。留日期间，他开始接触马克思主义著作，参与组织革命团体——神州学会，从事反对袁世凯帝制运动。1916年回国后主编《晨钟报》，后应章士钊之请，任《甲寅》日刊编辑。他积极参与正在兴起的新文化运动，发表了一系列文章，抨击以孔子为偶像的旧礼教、旧道德，反对当时抬出孔子来维护自己统治的反动势力。

1918年初，章士钊请辞北大图书馆主任兼职，推荐李大钊继任，蔡元培同意了。自此，李大钊便担任北大图书馆主任一职。章士钊后来回忆说："以吾萦心于政治之故，虽拥有此好环境，实未能充分利用，以谓约守常来，当远较吾为优,于是有请守常代替吾职之动议。时校长为蔡孑民,学长陈独秀,两君皆推重守常,当然一说即行。"[1]金毓黻在《李大钊与五四运动》中也说:"我根据北京大学档案不完全的记录,知道章士钊是在一九一七年任北大教授,又从是年九月起兼北大图书馆主任,到一九一八年二月,章先生向北大校长蔡元培推荐李大钊继续他做北大图书馆主任,蔡先生就答应了。自是时起,大钊先生就做了北大图书馆主任,但是不兼教授。"[2]1920年7月8日,北大评议会召开特别会议,议决将"图书部主任改为教授",于是李大钊又兼任北大史学、经济等系教授。1922年12月,李大钊辞去图书馆主任之职,改任北大校长室秘书,协助校长处理日常校务。

任北大图书馆主任时的李大钊。

[1] 章士钊:《李大钊先生传·序言》,北京宣文书店1951年版。

[2] 金毓黻:《李大钊与五四运动》,中国社会科学院近代史研究所编:《五四运动回忆录》(上),中国社会科学院出版社1979年版,第349页。

李大钊在北大任职期间，对北大图书馆的建设做了许多开创性的工作。他制订改革方案，建立和健全图书管理借阅制度，从国内外购进大量图书，其中不少是传播新文化新思想的书籍，包括马列主义经典著作和其他社会主义文献。1918年10月，在图书馆迁入新址后，他开辟了21个书库和6个大阅览室，还专为一些学会开辟研究室，提供材料。李大钊还积极参与发起了我国第一个图书馆协会，从理论上阐述了图书馆的性质和作用，被誉为我国近代图书馆事业的奠基人。

尤为重要的是，俄国十月革命后，李大钊成为全国首位接受和传播马克思主义的共产主义知识分子，他除了撰写大量文章进行介绍和宣传外，还在北大史学、政治、经济等系先后开设了"唯物史观"、"现代政治"、"社会主义和社会运动"、"社会主义史"、"史学思想史"等课程，以及"工人的国际运动与社会主义的将来"、"马克思的历史哲学"、"社会主义下的经济组织"、"社会主义与社会运动"等讲座，在大学讲坛上系统地讲授和宣传马克思主义理论，成为中国现代教育史上在大学讲坛上讲授马克思主义最早的一位教授，教育和影响了一大批先进知识分子走上信仰马克思主义的道路。

胡适也是由蔡元培引进北大的一位重要的新派教员。胡适，字适之，幼年在家乡读私塾，1904年到上海求学，先后就读于梅溪学堂、澄衷学堂和中国公学等校。1910年考取清华庚子赔款第二批留美官学生，先在康乃尔大学学习农科，后改文科。毕业后转入哥伦比亚大学研究院，专攻哲学，曾受业于美国著名哲学家、教育家杜威门下。1910～1917年，胡适留学美国7年。虽身居国外，但仍关心国内局势，经常向《新青年》投稿，与陈独秀通信。1917年1月，他的《文学改良刍议》一文在《新青年》第2卷第5号上发表，提出文学改良的八点主张：一曰，须言之有物。二曰，不模仿古人。三曰，须讲求文法。四曰，不作无病之呻吟。五曰，务去滥调套语。六曰，不用典。七曰，不讲对仗。八曰，不避俗字俗语。其主张在当时影响很大。陈独秀将其称之为"今日中国文界之雷音"。陈很赏识胡适，曾向蔡元培推荐由胡代其为文科学长。蔡在坚持陈出任学长的同时，也邀请胡适到北大执教。陈独秀担任北大文科学长后，即致函胡适转达此意："蔡孑民先生已接北京总长（系为北大校长之误——引者）之任，力约弟为文科学长，弟荐足下以代，此时无人，弟暂充乏。孑民先生盼足下早日回国，即不愿任学长，校中哲学、文学教授，俱乏上选，足下来此，亦可担任。学长月薪三百元，重要教授亦有此数。"[1] 当时，胡适认为要改变国家贫穷落后、"外患亡国"的厄运，决非剜肉补疮所能奏效，必须打定主意，从根本上下手，"为祖国造不能亡之因"。所谓"不能亡之因"，关键在于办教育培养人才，因此决心回国后从事教育事业。而陈独秀致函邀请他到北大任教，正与他的志向相符，于是便欣然接受了。

　　1917年7月，胡适回到上海。在回乡探亲，稍事休息后，9月10日，他到达北京，就任北大教授。9月12日，蔡元培在六味斋设宴为他接风，欢迎他到北大任教。当时，胡适年仅26岁。

　　胡适到北大后，参与了《新青年》的编辑工作，很快成了新文化运动的中坚人物。他积极支持和参与北大的各项改革，如设立研究所、采用选科制、实行教授治校、男女同学等，成为蔡元培改革北大的得力助手。他先后讲授多门课程，如中国哲学史、英国文学、英文修辞学、欧洲文学名著等，其中尤以中国哲学史，因其新颖独特的讲解而使学生耳目一新。据当时的学生顾颉刚回忆，胡适讲课大胆抛弃旧例，不从"一半神话、一半政史"的三皇五帝开始，而是"从周宣王以后讲起"，与以前教师的讲课风格迥异。在顾颉刚看来，"胡先生讲得的确不差，他有眼光，有胆量，有断制，确是一个有能力的历史家。他的议论处处合我的理性，都是我想说而不知道怎样说才好的"[2]。然

　　[1]《胡适来往书信选》（上册），中华书局1979年版，第6页。
　　[2] 顾颉刚：《古史辨·自序》（第1册），上海古籍出版社1982年版，第36页。

1914年的胡适。

《新青年》杂志封面。

而，有的学生却认为胡适这样讲课简直是"思想造反"，商量是否把他赶走。顾颉刚见此，即将自己的感受讲给同室傅斯年听，并动员他也去"听一听"。傅斯年不是哲学系的学生，但他是全校闻名的"最敢放言高论"的人，在学生中有很高的威信。他接受了顾颉刚的建议，旁听了几天课，也颇为满意，就对班上的同学们说："你们不能闹。"对傅斯年的暗中保护，当时胡适并不知晓，当他后来了解后深为感动。1952年12月，胡适在傅斯年逝世两周年的纪念会上追怀这段师生情谊时，满怀深情地说："那时候，孟真在校中已经是一个力量。那些学生就请他去听听我的课，看看是不是应该赶走。他听了几天之后，就告诉同学们说：'这个人书虽然读得不多，但他走的这一条路是对的。你们不能闹'。我这个二十几岁的留学生，在北京大学教书，面对着一班思想成熟的学生，没有引起风波。过了十几年以后，才晓得是孟真暗地里做了我的保护人。"[1]胡适以他新颖独特的讲课不仅使哲学系的学生信服,而且也吸引了外系,以至外校的学生慕名而来旁听。胡适的讲课得到了学生的好评,受到了他们的欢迎。

胡适在北大期间,也深得蔡元培的赏识和信任,并委以重任。1917年,胡适到北大,第一年即担任哲学研究所主任,兼任英文科教授会主任。次年,当选为北大评议会评议员。1919年,出任北大代理教务长。1920年,担任北大预算委员会和聘任委员会委员、出版委员会委员长。1922年,任教务长和英文系主任等。在学术上,胡适还得到蔡元培的提携和帮助。如1919年2月,胡适到北大后的第一本新著《中国哲学史大纲》(上卷)在商务印书馆出版,蔡元培专门为之撰写序文,给予高度评价,指出该书有以下四个特长:第一

1930年,蔡元培(中)与丁燮音(右一)、胡适(右二)、马君武(左二)、高一涵(左一)在中国公学合影。

[1] 黄书光:《胡适教育思想研究》,辽宁教育出版社1994年版,第42页。

是证明的方法。该书用了几乎占全书三分之一的篇幅，详细考察了每一个哲学家"生存的时代"、"遗著的真伪"和"所用辩证的方法"。这种研究方法，"为后来的学者开无数法门"。第二是扼要的手段。该书从主题是中国古代哲学家的思想发达史出发，采用"截断众流"的方法，抛开"一半神话，一半政史"的历史记载，而"从老子、孔子讲起"。第三是平等的眼光。对于自老子以后的诸子，都用平等的眼光进行客观的分析，"还他一个本来面目"。第四是系统的研究。即注重思想家的学派师承关系，"显出变迁的痕迹"和"递次演进的脉络"，这是在以前的研究中"所见不到的"。同时他还恳切"盼望适之先生努力进行，由上古而中古，而近世，编成一部完全的《中国哲学史大纲》"[1]。诚然，蔡元培对胡适著作的评价，包含着一位前辈学者对新人奖掖和期盼的深意，但确实也揭示了该书对于中国哲学史研究的开创意义。诚如当年北大哲学系三年级学生、著名哲学家冯友兰先生所说：胡适所著《中国哲学史大纲》，"对于当时中国哲学史的研究，有扫除障碍、开辟道路的作用"[2]。

或许正因为得到蔡元培的信任和重用，胡适一直很敬重蔡元培。晚年，他在回忆蔡元培时说了这样一段话："当我在北京大学出任教授的时候，北大校长是那位了不起的蔡元培先生。蔡校长是位翰林出身的宿儒，但是他在德国也学过一段时期的哲学，所以也是位受过新时代训练的学者，是位极能接受新意见新思想的现代人物。他是一位伟大的领袖，对文学革命发生兴趣，并以他本人的声望来加以维护。"[3]言语中足见其对蔡元培的尊崇。

蔡元培把胡适引进北大，并给以信任和重用，不仅为胡适施展才华提供了广阔的舞台，使胡适年纪轻轻即得盛名。同时，胡适也为蔡元培在北大的

［1］高平叔编：《蔡元培全集》（第3卷），中华书局1984年版，第188～189页。
［2］冯友兰：《三松堂自序》，三联书店1984年版，第215页。
［3］唐德刚译注：《胡适口述自传》，台北传记文学出版社1983年版，第165～166页。

蔡元培手迹。

鲁迅设计的北京大学校徽。

改革,为北大的建设和发展,为新文化运动的开展,作出了重要贡献。历史事实表明,这是蔡元培改革北大众多举措中的一个成功范例,值得我们深长思之!

被蔡元培聘请到北大执教或兼课的著名新派教员还有鲁迅等人。1902年,鲁迅留学日本,1909年回国后,先后在杭州浙江两级师范学堂、绍兴府中学堂任教。相对于上述各人而言,鲁迅到北大任教时间稍晚,而且由于他当时在教育部任职,根据当时北大的规定,兼职者只能聘任讲师。然而蔡元培与鲁迅是至交,辛亥革命后不久,鲁迅就应蔡元培之邀供职于南京临时政府教育部。后来,他又随蔡元培一起北上,在北京政府教育部供职,因而蔡元培出长北大后,鲁迅与北京大学的关系相当密切。1917年8月,鲁迅应蔡元培的要求为北大设计了校徽图案,他巧妙地将"北大"两个字组成一个圆形图案,为北大所接受,成为北大的校徽。从1918年起,鲁迅参加《新青年》编辑部,并在《新青年》先后发表了白话小说《狂人日记》、《孔乙己》、《药》、《故乡》等,产生了很大影响。1920年8月2日,鲁迅正式被聘任为北大文科讲师,讲授"中国小说史略"。鲁迅讲授的这门课,原是国文系的一门选

1933年，蔡元培（右一）、鲁迅（左一）和英国文学家萧伯纳（中）在上海孙中山故居合影。

修课，他渊博的学识，生动精彩的讲课吸引了外系甚至校外的青年纷纷慕名而来旁听。诚如诗人冯至所回忆："鲁迅每周一次的讲课，与其他枯燥沉闷的课堂形成对照，这里沸腾着青春的热情和蓬勃的朝气。这本是国文系的课程，而坐在课堂里听讲的，不只是国文系的学生，别系的学生，校外的青年也不少，甚至还有从外地特地来的。那门课名义上是中国小说史，实际讲的是对历史的观察，对社会的批判，对文艺理论的探索。有人听了一年课之后，第二年仍继续去听，一点也不觉得重复。""我们听他的课，和读他的文章一样，在引人入胜、娓娓动听的语言中蕴蓄着精辟的见解，闪烁着智慧的光芒。"[1]

---

[1] 《笑谈虎尾记犹新》，《鲁迅回忆录》（第1集），上海文艺出版社1978年版，第84页。

蔡元培在积极引进新教员的同时,也十分重视团结和使用旧教员中已启革新端绪者,如沈尹默[1]、沈兼士[2]、钱玄同等。其中钱玄同(1887~1939),原名夏,浙江吴兴人。幼入私塾,喜欢历史、文学著作。20世纪初受反清革命思想影响,剪发以示"义不帝清"。1906年留学日本,进入早稻田大学学习师范,次年加入同盟会。在东京时,曾师事章太炎治音韵训诂学。1910年回国后,在家乡浙江嘉兴、海宁、湖州等地任中学国文教员。辛亥革命后,以"疑古玄同"自号,以示反对复古。1913年随兄长钱恂到北京,在北京高等师范学校附属中学任教,讲授文字学。1916年,沈兼士因病休假,钱玄同到北京大学代课。1917年9月,正式被蔡元培聘任为北大文本科教授兼国文门研究所教员。钱玄同是新文化运动中一位激烈的语言文字改革论者。他猛烈抨击旧文学,大力提倡白话文。他是在《新青年》杂志上用白话文写作的第一人,并建议《新青年》改用横排版,采用新式标点,作为"白话文的试验场"。在他的倡议下,自1918年1月《新青年》四卷一号起,改用白话文和新式标点符号。甚至在他看来,反孔学、道教最彻底的办法是废除汉字,而代之以拼音文字。平心而论,钱玄同提倡白话文,主张采用拼音文字,是有其历史进步意义的,对中国的语言文字改革,在实际中也起了积极作用。但是,他因反对孔学、道教而提出废除汉字,这又未免走上极端,有失偏颇,而且在实践中也难以推行。

在陈独秀、李大钊、胡适、鲁迅等先后到校后,加上原有教员中沈尹默、沈兼士和钱玄同等,形成了一个以陈独秀为首的革新营垒,成为蔡元培整顿和改革北京大学的中坚力量,"而文学革命、思想自由的风气,遂大流行"。

蔡元培深知学术民主对于发展科学、办好大学的重要意义。他素来反对

---

[1] 沈尹默(1883~1971),浙江吴兴人,文预科教授兼国文门研究所主任。
[2] 沈兼士(1887~1947),浙江吴兴人,沈尹默之弟,文预科教授。

蔡元培任校长时的北京大学第一院。

"罢黜百家，独尊孔氏"的文化专制主义，主张无论何种学派，苟其言之成理，持之有故，尚不达自然淘汰之运命，即使彼此相反，也听他们自由发展。因此，他在积极引进、扶植新派力量的同时，对于那些在政治上主张复辟帝制、在思想上顽固保守、在生活上不检点，但在学术上有专长的人，只要不妨碍授课，同样用其所长。因此，在北大教员队伍中，不仅"有拖长辫而持复辟论"的辜鸿铭，"筹安会发起人"刘师培，还有思想保守的学者黄侃、陈汉章等。

辜鸿铭，早年留学英国，获文学博士学位。他精通英、德、法文和希腊文等文字，曾将《论语》、《中庸》等书译成西文，并撰有《中国文化之精神》等书。回国后曾任清政府外务部员外郎，获赐文科进士。辛亥革命后，到北大任教。他反对民主共和，持帝制复辟论，也竭力反对新文化运动和五四运动。1919年春，他化名"冬烘先生"，撰文《北京大学校文字风潮解惑论》，攻击蔡元培纵使教员、学徒出《新潮》、《新青年》诸杂志，丑诋旧学，诋毁伦常，几

辜鸿铭（1857～1928）。

蔡元培题写刊名之《新潮》杂志。

欲捶击孔孟而后快。五四运动后，7月12日，他又在上海《密勒氏远东评论》上，用英文发表《反对中国文学革命》，攻击新文学只有使道德萎缩，是所谓真正的死文学。在衣着上，他也是一副封建遗老打扮。周作人在《北大感旧录》中写道：北大顶古怪的人物，恐怕众口一词的要推辜鸿铭了吧。他是福建闽南人，大概先代是华侨吧，所以他的母亲是西洋人。他生得一副深眼睛高鼻子的洋人相貌，头上一撮黄头毛，却编了一条小辫子，冬天穿枣红宁绸的大袖方马褂，上戴瓜皮小帽；不要说在民国十年前后的北京，就是在前清时代，马路上遇见这样一位小城市里的华装教士似的人物，大家也不免要张大了眼睛看得出神的吧。尤其妙的是，他那包车的车夫，或者是受他的影响，或者是从哪里乡下去特地找来的，或者是徐州辫子兵的余留，竟然同他一样，也是一个背拖大辫子的汉子，同课堂上的主人正好是一对，他在红楼的大门外坐在车兜里等人，也不失为车夫队中一个特殊的人物。对于这样一位"怪人"，蔡元培认为，他擅长英国文学，"所授为英国文学，与政治无涉"，因此在出长北大后，仍继续聘任他为教授。当时有些学生对此不理解，蔡元培对他们说：我希望你们学辜先生的英文，并不要你们也去拥护复辟。劝导他们金无足赤，人无完人。学生要学先生的长处，而不是他的短处。

或许是有感于蔡元培雍容大度的雅量和待人的真诚，尽管辜鸿铭反对新文化运动和五四运动，曾著文攻击蔡元培在北大的改革，但在某些重要场合的表现，又表明他内心是相当尊敬蔡元培的。如有一次，北大文科教授在一起开会讨论课程设置，众人纷纷发言，蔡元培也站起来预备说话，辜鸿铭见此首先大声说道："现在请大家听校长吩咐！"又如五四运动中"六三事件"之后，北大教授在红楼一间教室里开临时会议，讨论挽留蔡元培。大家都主张挽留，只是在如何办，是打电报呢，还是派代表南下的问题上一时难以统一。这时，辜鸿铭走上讲台说道："校长是我们学校的皇帝，所以非得挽留不可。"[1]同样是赞成挽留，但他却有自己特别的理由。理由虽"古怪"，但同样透露出他对蔡元培的敬重之意。

刘师培少承家学，服膺汉学，成年后成为著名的古文经学家，著有《春秋左氏传略》、《佚礼考》、《庄子校义》等书，在学术上颇有建树。刘早年赞同民主革命，主张排满复汉。1907年亡命日本，任《民报》编辑，并参加同盟会。但不久变节，投靠清政府，充任两江总督端方幕府。1915年袁世凯复辟帝制时，成为发起筹安会的"六君子"之一，鼓吹帝制。蔡元培与刘师培早有交往。在编辑《警钟日报》时，蔡即与其为同事。辛亥革命爆发后，刘师培随端方入川，结果端方被杀于资州，刘也遭拘。南京临时政府成立后，蔡元培与章太炎于1912年1月11日，在《大共和日报》上联名刊登《寻找刘申叔启事》，称："刘申叔学问渊深，通知今古，前为宵人所误，陷入樊笼。今者，民国维新，所望国学深湛之士，提倡素风，任持绝学。而申叔消息杳然，死生难测。如身在他方，尚望发一通信于《国粹学报》馆，以慰同人眷念。"[2]爱才

[1] 李权之主编：《北大老照片》，中国对外经济贸易出版社1998年版，第43页。
[2] 高平叔编：《蔡元培全集》（第2卷），中华书局1984年版，第128页。

之心,忧人之安,跃然纸上。担任北大校长后,蔡元培因其国学造诣,"其所授为古代文学,与政治无涉",聘他为文科教授,讲授中古文学史课程。刘师培在北大期间,以所谓"昌明中国古有之学术"自任,反对白话文,反对新思想,是新文化运动中守旧派的一位代表人物。

黄侃,早年从事反清革命活动,亡命日本后,在东京参加同盟会,师事章太炎。他擅长音韵训诂,兼通文学。在学术上建树颇多,著有《音略》、《说文略说》、《声韵略说》、《声韵通例》、《集韵声类表》、《尔雅略说》、《文心雕龙札记》等书。从1914年起,他任北大文科教授。蔡元培长校后,继续聘任,在国文系讲授文学概论。黄侃思想顽固守旧,竭力反对新文化运动,讲课时常常指名道姓地谩骂新派教授。周作人说:"旧教员在教室中谩骂,别的人还隐藏一点,黄季刚最大胆,往往直言不讳。"[1] 1917年,刘师培来北大后,黄侃与他相投,结为反对新文学新思想的同盟。

陈汉章,清末举人,以博学著称,京师大学堂慕名请他去任教,但他为获得翰林头衔而宁可当老学生。后来翰林虽未当成,但在京师大学堂苦读六年,学问因此而大进,成为朴学硕儒。

这里不能不说到梁漱溟。坊间出版的许多著作,都把梁漱溟列入北大旧派教员行列,然而,梁漱溟本人却不这样认为。1942年,他在为蔡元培逝世两周年而作的《纪念蔡元培先生》一文中,对此曾有明确的表述:"我个人固然同在蔡先生的聚拢包容之中,然论这运会却数不到我,因我不是属于这新派的一伙。同时旧派学者中亦数不到我,那是自有辜汤生(鸿铭)、刘申叔(师培)、黄季刚(侃)、陈伯弢(汉章)、马夷初(叙伦)等诸位先生。我只是在当时北京大学内得到培养的一个人,而不是在当时北大得到发抒的一个

---

[1] 李权之主编:《北大老照片》,中国对外经济贸易出版社1998年版,第52页。

梁漱溟（1893～1988）。

人。"[1]称自己既不属新派，也轮不上旧派，而是在北大培养下成长，这不仅仅是梁漱溟的自谦，也是符合历史实际的。

梁漱溟，原籍广西桂林，出生于北京一个官宦世家。他好学嗜读，广泛涉猎西洋哲学、印度宗教和中国周秦宋明诸子。1911年毕业于顺天中学堂，加入同盟会京津支部。翌年任《民国报》编辑兼记者。梁漱溟一度曾热衷于社会主义，后归心佛法，素食不婚，潜心研读佛经，撰成《究元决疑论》长文一篇，1916年在上海《东方杂志》分三期（六、七、八期）连载。该文以近代西洋学说阐扬印度佛家理论，发挥佛家出世思想，认为人生的唯一出路在皈依佛法，成"一家之言"，引起蔡元培的注意。

蔡元培与梁漱溟年岁相差二十五六岁，素昧平生。梁自十多岁即爱好哲学，很早便读到蔡元培的一些哲学著作，久慕蔡先生，但除了在民国元年因做新闻记者，与时为阁员的蔡元培见过几面之外，从未有过深入接触和交谈。但蔡元培读到梁漱溟的文章后，即有意邀请梁到北大执教。梁漱溟回忆

---

[1] 中国蔡元培研究会编：《蔡元培纪念集》，浙江教育出版社1998年版，第136页。

说：因范源濂介绍晋谒先生于其家，不料一见面，先生就说要请我到北大任教的话。梁自忖只不过初涉佛典，于此之外的印度哲学实无所知，岂能到北大开设"印度哲学讲席"，起初"不敢应承"。后来在蔡元培的劝导下，他终于答应了。梁漱溟在回忆这段经过时，这样写道：

> 蔡先生反问："你说你教不了印度哲学，那么，你知有谁能教印度哲学呢？"我说不知道。蔡先生说："我们亦没有寻到真能教印度哲学的人。横竖彼此都差不多，还是你来吧！你不是爱好哲学吗？我此番到北大，定要把许多爱好哲学的朋友都聚拢来，共同研究，互相切磋；你怎可不来呢？你不要当是老师来教人，你当是来合作研究，来学习好了。"他这几句话打动了我，只有应承下来。[1]

这段对话，与其说是蔡元培动员梁漱溟到北大来任教，还不如说是一位前辈学者，对一位富有研究兴趣，好学深思的晚学的提携和奖掖。其心切切，其情殷殷，怎不让人心动！梁漱溟听后深为感动，欣然接受。

梁漱溟接受北大的聘任是在蔡元培出长北大之初，当时他正担任北京政府司法总长张耀曾的秘书，负责机要函电，事务繁杂。他对印度哲学这门课，事先既无准备，接受后又无时间编写讲义，因此，只得转推许丹为他代课。直到1917年10月间，才正式到北大讲课。到1924年暑期他去山东办学，辞离北大，在校整整六年。在此期间，他除了在哲学系开设"印度哲学"之外，还讲授"唯识哲学"、"儒家哲学"等课程。并在上述课程之外，于1920年作了一个月的"东西文化及其哲学"的讲演。梁漱溟受聘于北大时年仅24岁，与班上许多同学年龄相若，如后来学问各有造诣，且均为大学名教授者孙本

---

[1] 中国蔡元培研究会编：《蔡元培纪念集》，浙江教育出版社1998年版，第199页。

文、顾颉刚、冯友兰、黄文弼、朱自清等。也有比他年长者，如谭鸣谦（后改名谭平山）等。然而梁漱溟的课深受欢迎。听讲者除了哲学系注册的学生外，还有其他系科的学生，甚至其他学校，如北京高师的学生，北京法专的学生等，乃至有些并非在校生，而是壮年中年的社会好学者。往往学校注册部给安排的教室容不下，只得临时改用大一点的教室。他回忆说："当1923年前后，我讲儒家思想一课，来听讲的通常总在二百人左右。初排定在红楼第一院某教室，却必改在第二院大讲堂才行。学年届满，课程结束，举行考试的试卷亦有九十多本。此即注册的正式学生之数了。"[1]旁听者超过正式注册学生人数的一倍以上。可见，大家对讲课的重视和欢迎。在讲课的基础上，他还先后出版了《印度哲学概论》、《唯识述义》（三册）等书，已渐由一个喜爱哲学的青年成长为一位学有专攻的专家。从这个意义上，梁漱溟说，他在北大执教，"七年之间从蔡先生和诸同事、诸同学所获益处，直接间接、有形无形，数之难尽。总之，北京大学实在培养了我"[2]并非矫情作秀，而是真实情感的流露。

蔡元培在重点整顿文科，"于新旧各派人物兼收并蓄"的同时，也对理科和法科进行了改革，积极延聘学有专长的教师。理科方面，续聘当时的知名物理学家、相对论者夏元瑮任学长。夏于1919年赴美后，改由秦汾教授代理理科学长。另外，蔡元培又陆续聘请李四光、丁燮林、王星拱、颜任光、任鸿隽、李书华、翁文灏、朱家骅等学者任教授，理科教师阵容"渐充实"。北大法科的改革，蔡元培感到"甚为不易"。因为当时中国尚无成文的公、私法，教员便讲授外国法，分为三类：一为德、日法，习德文、日文者听讲；二为英、美法，习英文者听讲；三为法国法，习法文者听讲。蔡元培对此深不以为然，

[1] 中国蔡元培研究会编：《蔡元培纪念集》，浙江教育出版社1998年版，第202页。
[2] 中国蔡元培研究会编：《蔡元培纪念集》，浙江教育出版社1998年版，第137页。

蔡元培手迹（致朱家骅函）。

主张教授比较法，而教员中能讲授比较法的，只有王宠惠和罗文干2人。王、罗均在司法部任职，只能任讲师，不能任教授。蔡元培便聘请王世杰、周鲠生等来校任教授，加上马寅初、陶孟和、高一涵、陈启修等知名学者，始组成正式的法科，学生亦渐去猎官的陋习，引起求学的兴趣。

在"广延积学与热心的教员"的同时，蔡元培本着"对于教员，以学诣为主"的原则，也辞退了一批不称职的教员，包括外籍教员，并因此遇到很大阻力。如北京大学根据合同，辞退了英国教员克德来、燕瑞博和纽伦。其中克、燕二人恶人先告状，写信控告北京大学及校长蔡元培，使他们"职业大受损害"，提出向北京大学及蔡元培索讨一年薪水，克德来索讨银币5400元，燕瑞博索讨银币4200元。克德来还控告辞退他是违反了合同，更向北京大学及蔡元培索偿银币9450元。他们甚至运动英国驻华公使朱尔典出面干涉，威胁蔡元培：如果大学被克德来控告，"阁下愿意作为证人出庭吗"？针对克德来等人的骄横无理，蔡元培在回答中国政府有关部门的质询时，严肃地说：辞退克德来等外籍教员，"本校全照合同办理，绝无含混不清之处"。面对朱尔典的威胁，蔡元培也坚定地回答："如果按照法律，需要我作证，我也许会出庭。"以无所畏惧的精神顶住了种种压力。晚年，他在回忆此事时，慨然写道："那时候各科都有几个外国教员，都是托中国驻外使馆或外国驻华使馆介绍的，学问未必都好，而来校既久，看了中国教员的阑珊，也跟了阑珊起来。我们斟酌了一番，辞退几人，都按着合同上的条件办的。有一法国教员要控告我；有一英国教习竟要求英国驻华公使朱尔典来同我谈判，我不答应。朱尔典出去后，说：'蔡元培是不要再做校长的了。'我也一笑置之。"[1]

1918年6月北大文科哲学门第二次毕业合影（一排右起：陈汉章、梁漱溟、陈独秀、蔡元培、马叙伦、陈映璜，二排左一：冯友兰）。

[1] 高平叔编：《蔡元培全集》（第6卷），中华书局1988年版，第351页。

梁漱溟在总结自己对蔡元培的认识时,曾经这样说:"我所了解的蔡先生,其伟大在于一面有容,一面率真。他之有容,是率真的有容;他之率真,是有容的率真。更进一层说:坦率真诚,休休有容,亦或者是伟大人物之所以为伟大吧。"[1]事实确乎如此。为了把北京大学办成研究高深学问的全国最高学府,蔡元培包容新旧各派教员。但是"有容"是有条件、有原则的,如果违背了,则坚决辞退,决不通融,决不退缩。正因为蔡元培坚持了这个原则,才保证了北京大学教师队伍的学术素质。

经过上述一番调整和充实,北京大学教师面貌发生重大变化,文、理、法各科不仅人才荟萃,集中了当时国内许多著名的专家学者,而且教授队伍明显年轻化。据1918年初的统计,全校共有教员217人,其中教授90人,教授的平均年龄只有30多岁。最年轻的教授徐宝璜25岁,其他如胡适、刘半农、朱家骅均为26岁。这支年轻而又充满生机的教授队伍,为北大带来了朝气,是蔡元培进行各行改革赖以依靠的支柱。

3. 创设研究所

从大学"是研究学理的机关",是研究高深学问的学府的办学理念出发,蔡元培明确指出,大学不能只是从事教学,还必须开展科学研究。大学要能承担起教学、科研的双重任务,教师与学生要开展科学研究,需要各方面的条件和设施,而建立各种科学的研究所,则是最为基本也是最重要的条件。因而,蔡元培大力倡导"凡大学必有各种科学的研究所"。

在大学设立研究所是蔡元培十分重要的教育主张。早在民国元年任教育总长时,他就提出:大学应设大学院(即今之研究所),为教授、留校的毕业生与高级学生从事研究的机关。并在亲自起草的《大学令》中,对于大学院的

---

[1] 中国蔡元培研究会编:《蔡元培纪念集》,浙江教育出版社1998年版,第139页。

1933年10月15日，世界文化合作中国协会常务委员开会时合影（中坐者为蔡元培）。

性质、学生的入院资格、考核及毕业出路等作了原则性的规定。后来，他多次申述大学应该设立研究所这一教育主张。1920年秋，蔡元培在赴欧美考察高等教育之前，应湖南各省的邀请，与罗素、杜威等一起前往长沙，举行学术讲演会。蔡前后共作了七次讲演，在首场题为《何谓文化》的讲演中，就谈到大学设立研究所的问题。他说："凡大学必有各种科学的研究所，但各国为便利学者起见，常常设有独立的研究所。如法国的巴斯笃研究所，专研究生物化学及微生物学，是世界最著名的。美国富人常常创捐基金，设立各种研究所，所以工艺上新发明很多。我们北京大学，虽有研究所，但设备很不完全。至于独立的研究所，竟还没有听到。"[1]

1935年初，蔡元培还在《东方杂志》发表了一篇专论——《论大学应设

---

[1] 高平叔编：《蔡元培全集》（第4卷），中华书局1984年版，第13~14页。

各科研究所之理由》,系统阐述了大学设立研究所的三点理由:

其一,"大学无研究院,则教员易陷于抄发讲义、不求进步之陋习"。在蔡元培看来,从事科学研究,需要搜集材料,购置参考图书和仪器设备,这都非私人之力所能胜任。如果大学不设立研究所,"则除一二杰出之教员外,其普通者,将专己守残,不复为进一步之探求,或在各校兼课,至每星期任三十余时之教课者亦有之,为学生模范之教员尚且如此,则学风可知矣"。

其二,设立研究所,为大学毕业生深造创造条件。蔡元培指出,大多数大学毕业生,往往因社会需要或个人经济关系而谋职以自赡,"然亦有少数对于学术有特殊兴趣,不以在大学所已受之教育自封者",则通常选择出国留学。在他看来,此亦非全因崇拜外人心理,而是因为欧美各国,除独立研究院外,各大学也都设立研究院。其导师之努力,确远胜于我国;其相关之设施,如院外独立的图书馆、博物馆、天文台、动植物园、工厂、医院等等,也相当完备,"故留学自有优点"。然而出国留学费用巨,学成归国者不多,"故亦非尽善之策"。"苟吾国大学,自立研究院,则凡毕业生之有志深造者,或留母校,或转他校,均可为初步之专攻。俟成绩卓著,而偶有一种问题,非至某国之某某大学研究院参证者,为一度短期之留学;其成效易睹,经费较省,而且以四千年文化自命之古国,亦稍减依赖之耻也。"

其三,使大学高年级学生得以在导师指导下,有从事科学研究的机会。他说,我国教育让人最难以理解的是,在小学、中学尚有设计教育与道尔顿制等为学生自动之试验,而大学中何以全为注入式之讲义,课程繁重,使学生无自修之余暇,又安有自动之机会?大学设立研究所之后,"高年级生之富于学问兴趣、而并不以学位有无为意者,可采德制精神,由研究所导师以严格的试验,定允许其入所与否,此亦奖进学者之一法"。

而且他还进一步认为,大学研究院与独立研究院两者在科目设置和功能方面存在着差异。大学研究院必须兼顾教员、大学毕业生和高年级学生三部分人，因此所设研究所之门类，应该愈多愈善。凡大学各学院中主要科目，以能完全成立为最善。而独立研究院，以研究员为主体，其科目不求完备，视有特殊之研究员与社会有特别之需要而设之。总之，"前者稍偏于博大，而后者稍偏于精深，不必强求其一致也"[1]。

　　蔡元培主张大学应该设立各科研究所的思想，显然是受到西方大学教育的影响。他曾明确说道：欧美各国，除独立研究院外，各大学无不有相当之研究院。其中，他亲身经历的德国大学研究所的经验，影响尤为深刻。在留学德国莱比锡大学时，他曾进入该大学的文明史与世界史研究所、中国文史研究所从事学习和研究工作，并对这两个研究所的教学、研究情况作了详细记载。他说由兰普来西教授创设的文明史与世界史研究所，除兰氏外，尚有史学教授六七人，"学生在三四年级被允许入所研究者，那时约四百人。我以外国学生，不拘年级，亦允入所并在兰氏所指导的一门中练习。他的练习法，是每一学期中，提出有系统的问题一组，每一问题，指定甲、乙二生为主任，每两星期集会一次，导师主席；甲为说明的，乙为反驳的或补充的，其他丙、丁等为乙以后的补充者，最后由导师作结论。进所诸生，除参加此类练习班外，或自由研究，或预备博士论文，都随便"。他又说：由孔好古教授主持的中国文史研究所，"也有练习班，我也参加"[2]。由此，我们认为，蔡元培正是借鉴了欧美各国，尤其是德国大学设立研究所的经验，在中国大力倡导设立大学研究所。

　　尤为重要的是，蔡元培身体力行，在他担任北大校长之后，率先在北京大学创立了研究所，把学制系统中的有关条文变成了活生生的事实，实现了他多年的愿望，也开了中国国立大学设置研究所之先河。北京大学各学科研

[1] 高平叔编：《蔡元培全集》（第6卷），中华书局1988年版，第475～477页。
[2] 高平叔编：《蔡元培全集》（第7卷），中华书局1989年版，第300页。

究所于1917年年底成立，先后建立的有文、理、法三科各学门研究所，当时设立的研究所及其各学门主任名单如下表。[1]

文科研究所	哲学门	胡适	国文门	沈尹默	英文门	黄振声
理科研究所	数学门	秦汾	物理门	张大椿	化学门	俞同奎
法科研究所	法律门	黄右昌	政治门	陈启修	经济门	马寅初

　　大学成立研究所，在当时教育界和社会上都是一件新鲜事，引起了媒体的关注，有关消息频频见诸报端。如1917年12月8日，《申报》具体报道了北大文科研究所第一次开展活动的情况。报道称："北京大学设立各科研究所，顷已次第成立。文科研究所于昨日在校长室开第一次研究会。学生志愿研究

1917年北京大学英文门第一次毕业合影（中坐者为蔡元培）。

---

[1] 梁柱：《蔡元培与北京大学》（修订本），北京大学出版社1996年版，第58页。

1918年6月北大文科国文门第四次毕业合影（前排中坐者为蔡元培，前排右二为陈独秀、左二为钱玄同）。

者，约四五十人。蔡鹤卿校长、陈仲甫学长、章行严、胡适之、陶孟和、康心孚、陈伯涛诸教授均莅会。先由主任胡适之君述研究会之成立及报告研究者之科目、人数，并云今日为本研究会之第一次，特请蔡校长演说，其题目为《哲学与科学之关系》。"[1]

北京大学各研究所创办之初都相当简陋，也很不完善，但发展很快，到1918年初，各研究所共有研究人员148人，其中本校毕业生80人，高年级学生68人，另有通信研究人员32人。研究人员中，文科最多，达71人；理科最少，仅18人。范文澜、冯友兰、俞平伯等都是在这个时期进研究所从事学术研究的，

---

[1] 1919年1月在《北京大学月刊》创刊号上发表时，题目改为《哲学与科学》。

叶圣陶为文科研究所国文门通信研究员。1919年12月,又决定增设地质学研究所,由何杰任主任。

研究所成立后,蔡元培一方面积极参加有关研究所的活动,身体力行地支持和推动研究所的工作。另一方面,重视研究所的制度化建设,促进和规范其发展。如1918年5月27日,他主持召开研究所主任会议,讨论理科学长夏元瑮提出的意见,作出如下决议:(1)研究所设置的学科,"当以本科所无",或"本科所有而未能详尽"者为限。(2)研究人员以毕业生为主体。研究所教员与学生必须经常开展讲演讨论活动。研究所教员除特聘者外,余皆尽义务。(3)法科研究所科目改定为:比较法律、刑法、国际法、银行货币、财政、经济学。(4)文科研究所改定科目为:①哲学门——中国古代哲学史料问题、逻辑学史、儿童心理学;②国文学门——清代考订学、文字孳乳之研究、文学史编纂法;③英文学门——诗、近代名剧。

蔡元培还主持评议会,制订、修改研究所章程,由简单到详细,逐步完善。如1920年7月30日,评议会通过北大《研究所简章》,其主要内容是:

(1)研究所是仿德、美两国大学Seminar办法,为专攻一种专门知识之所。

(2)暂分四门:①国学研究所(中国文学、历史、哲学);②外国文学研究所(德、法、英、俄及其他外国文学);③社会科学研究所(法律、政治、经济、外国历史、哲学);④自然科学研究所(物理、化学、数学、地质学)。

(3)不另设主任,课程列入各系内。

(4)各系学课有专门研究必要者,由教员指导学生研究,名曰某课研究,例如康德哲学研究、溶液电解状研究等。

(5)指导员授课时间与授他课同样计算。

(6)三年级以上学生及毕业生,均得择习研究课。

此外,还规定阅览室并入图书馆,研究工作在图书馆、实验室进行等。

后来，随着研究所工作的开展和研究所建设的深入，又对上述规定作了修订。1921年12月评议会第三次会议，通过了《北京大学研究所组织大纲》，其要点为"研究所为毕业生继续研究专门学术之所"，分"自然科学、社会科学、国学、外国文学四门"。所长"由大学校长兼任"，各门设主任一人，"由校长于本校教授中指任之"。研究的问题与方法，"由相关各系之教员共同商定之"。未毕业的学生，经特许"亦得入所研究"。研究所"设奖学金额若干名"。对一些重要问题作了进一步的明确规定，北大研究所的制度化建设进入一个新的阶段。

蔡元培是我国大学设立研究所的积极倡导者和先行者。在他主持下，北京大学率先创办研究所，开了国立大学设立研究所、培养研究生的端绪，不仅在学术研究和人才培养方面作出了重要贡献，而且在如何借鉴欧美等国教育经验，结合本国实际情况，创办大学研究所方面作了积极的探索，积累了宝贵的经验，对中国近代高等教育的发展产生了积极的影响。继北大之后，我国其他一些高等学校也都纷纷设立研究机构，如清华大学设立国学研究院，厦门大学设立国学研究所等，推进了我国大学学术水准的提升。

提倡"思想自由，兼容并包"的办学方针

蔡元培从大学"是研究学理的机关"这个根本的办学理念出发，糅合西方大学成功的办学经验和中国儒家教育的优良传统，提出了思想自由，兼容并包的办学方针。对于这个方针，蔡元培曾在许多不同的场合作了阐述，其中在与林纾的直接论辩中，即在《致〈公言报〉函并答林琴南函》一文中，表述得最为明晰。

　　林纾,清末著名古文家、画家和翻译家。他自己不懂外文,靠通外文的朋友王寿昌、魏易等口述,由他笔录,翻译了大量小说。他的译文全为文言,文笔精炼、优美。林纾思想顽固,守旧,虽生活在民国,但仍以"清室举人"自称,并以卫道自任。他极力反对新文化运动,反对北京大学的改革。1919年3月18日,林纾在《公言报》发表《致蔡鹤卿太史书》的公开信,向蔡元培发起挑战。他的指责集中在两点:一是"覆孔孟,铲伦常",二是"尽废古书,行用土语为文字"。

　　面对林纾对北京大学改革的无端攻击,蔡元培一改平日谦谦书生之气,显出了在大是大非面前不妥协、不退缩的大家本色。如同蒋梦麟所言:"先生日常性情温和,如冬日之可爱,无疾言厉色。处事接物,恬淡从容。无论遇达官贵人或引车卖浆之流,态度如一。但一遇大事,则刚强之性立见,发言作文,不肯苟同。"[1]在见到《公言报》登载林纾公开信的当天,蔡元培即撰文《致〈公言报〉函并答林琴南函》,表示尽管原函称"不必示复",但事关北京大学之真相,"不能不有所辨正"。在文章中。蔡元培以大量的事实、确凿的证据、严密的逻辑和犀利的文字,严厉驳斥林纾的指责是毫无根据的,是站不住脚的,也是没有道理的。与此同时,他明确阐述了北京大学的办学方针。他写道:"对于学说,仿世界各大学通例,循'思想自由'原则,取兼容并包主义……无论为何种学派,苟其言之成理,持之有故,尚不达自然淘汰之运命者,虽彼此相反,而悉听其自由发展。"[2]

　　综括蔡元培所提倡的"思想自由,兼容并包"的办学方针,至少包含着以下三层内容:其一,所谓思想自由,即"一己之学说,不得束缚他人;而他人之学说,亦不束缚一己",而应"任吾人自由讨论","至理之信,不必须同他

---

[1] 中国蔡元培研究会编:《蔡元培纪念集》,浙江教育出版社1998年版,第97页。
[2] 高平叔编:《蔡元培全集》(第3卷),中华书局1984年版,第271页。

蔡元培《自写年谱》手迹，其中回
忆了他办理北京大学的原则。

人；己所见是，即可以之为是。然万不可诋张为幻"。所谓兼容并包，即是平
等地对待各种学术观点和学术派别，即使是不同的，甚至是彼此相反的学术
观点和学术派别，也应让其自由发展，只要其"言之成理，择之有故，尚不达
自然淘汰之运命"。其二，思想自由与兼容并包，两者相辅相成，互为因果。
因为只有思想自由，才会产生不同的学术见解和学术派别；反过来，只有兼容
并包，各种不同的见解和派别才有可能存在，学术才会自由发展。其三，之所
以必须以"思想自由，兼容并包"为办学方针，这是因为大学的性质和真理的
发展规律所使然。大学要成为"囊括大典，网罗众家之学府"，就必须兼容

并包各家各派，并让其自由发展，这就是蔡元培说的"大学所以为大也"。同时，学术研究旨在求真，而对真理的认识，总是带有相对的性质，因此在学术研究中便会出现不同的甚至相反的学术见解和派别。在《北京大学月刊》发刊词中，蔡元培举了许多例子：哲学上的唯物论与唯心论，文艺理论上的理想派与写实派，经济学上的干涉论与放任论，伦理学上的动机论和功利论，人生观上的乐观主义和悲观主义，等等。表面上看似对立，实质上"相反而实相成"，犹如人体之器官有左右，呼吸之有出入，骨肉之有刚柔一样。学术、真理正是在各种不同，甚至对立的学术观点和派别的争论和辩论中发展和前进的。正是鉴于对学术、真理发展辩证法的深刻认识，蔡元培明确指出："我素信学术上的派别是相对的，不是绝对的；所以每一种学科的教员，即使主张不同，若都是'言之成理、持之有故'的，就让他们并存，令学生有自由选择的余地。"[1] 从学术发展和学生发展两个视角，深刻地阐明了之所以将"思想自由，兼容并包"作为北大办学方针的缘由。

由于北京大学"思想自由，兼容并包"的办学方针顺应了当时中国社会民主、科学的潮流，而北洋军阀政府统治时期政局混乱，对教育的控制较为薄弱，再加上蔡元培的个人魅力，因此在实践中取得了很大的成功，突出地表现在以下四个方面：

（1）开创了北大历史上自由讲学的传统，有利于新思想、新文化的传播和发展。蔡元培聘请教员，坚持"以学诣为主"的原则，即只要有真才实学，有研究学问的兴趣和能力，而不问其政治倾向和学术见解。因而，在北大文科教员中，既有提倡新文化运动的新派人物，也有政治上保守但在学术上有造诣的旧派学者。他们尽管政治倾向不同，学术观点迥异，但是，他们各本所学，各抒己见，正如蔡元培所说的"各行其是，并不相妨"，形成了北大历史

---

[1] 高平叔编：《蔡元培教育论著选》，人民教育出版社1991年版，第627页。

上百家争鸣，自由讲学的盛况，开创了享有盛誉的北大自由讲学的传统。北大的学生在谈到当时的求学经历时，都会对此津津乐道。王昆仑回忆说："蔡先生长北大时，主张百家争鸣，所以会有两位教师唱对台戏的情况，这不仅充分表现了学术民主，而且能启发学生的思路，培养独立思考、探索真理的兴趣与能力。我那时在文科学习，选修文字学。教文字学的有两位老师，一位是新派钱玄同，一位是老派黄侃。我选的是钱玄同的课。一天，我正在课堂听钱老师讲课，不料对面教室里正在讲课的黄侃大声地骂起钱玄同来了。钱听了也满不在乎，照样讲课。后来，我就既听听钱玄同的课，也听听黄侃的课，以便两相对照。这种情况并非罕见，它生动地反映了当时的北大，在蔡先生的领导下，'兼容并包'、百家争鸣、学术民主的气氛。"[1]

事实确如王昆仑所言，这种教师互唱对台戏、自由讲学的情形，在蔡元培时代的北京大学"并非罕见"。田炯锦1917年夏考入北大文预科，1919年秋入哲学系，

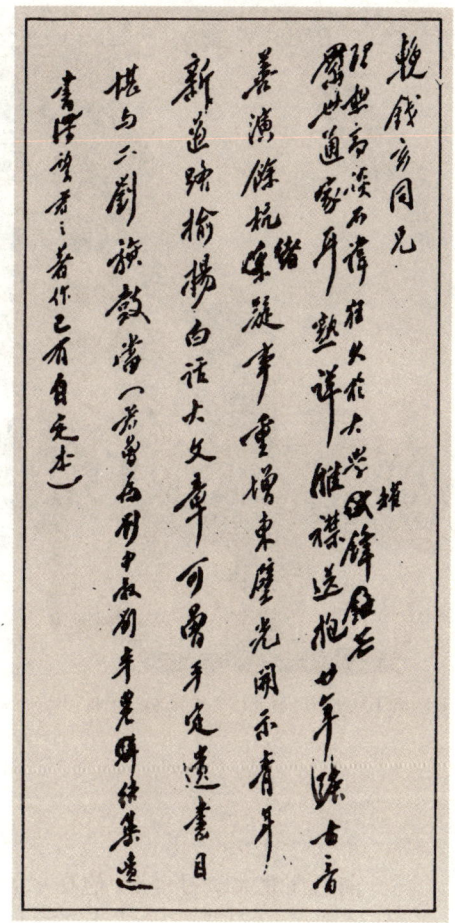

蔡元培手迹。

---

[1] 王昆仑：《蔡元培先生二三事》，1980年3月4日《光明日报》。

1919年1月26日，蔡元培（前排左五）参加京师图书馆（北京图书馆前身）开馆仪式。

前后在北大学习六年。他在《北大六年琐忆》一文中，也回顾了当时北大学术民主、自由讲学的情况。他写道："因为北大主张学术自由，团体与团体，以及教员、学生，个人与个人之间，见解诸多不同，而且有时互相公开批评。如胡适之先生指出梁漱溟先生中西文化及其哲学一些可疑之点，梁先生在学校大礼堂公开讲演，为他的见解辩护，并指出胡先生的批评欠当。""梁漱溟先生教学时，对留欧美学者之见解，常有批评，甚至对全校拥护之蔡校长的论'仁'，曾有严刻的评议。蔡先生给'仁'的定义是：'统摄诸德完成人格。'梁谓这种定义叫人无可批评，但其价值亦仅止于无可批评。胡适之先生的《红楼梦考证》认为《红楼梦》是曹雪芹描写其家室与身世的一部小说，并批评蔡先生的考证，说：宝玉影射清廷某人，黛玉影射某人等等，是笨的猜谜，犹如有人猜'无边落木萧萧下'为日字一般。蔡先生虽不同意梁、胡两位的意见，但对他们的学问，非常赞许。故北大对学术研究，确是思想自由。"[1]可见，北大的自由讲学，同作为校长的蔡元培的身体力行不无联系。

周谷城也认为，北大在蔡元培兼容并包的影响下，非常重视自由辩论。1988年，他在蔡元培诞辰一百二十周年纪念会上的讲话中，讲了梁启超与胡适展开学术辩论的故事。他说在胡适《中国哲学史大纲》出版以后，梁启超以自己的新作《墨经校释》向胡适请教。当时胡适有点得意忘形，竟然认为：梁先生这本书，只有一个字是对的，其他通通不对。梁启超闻此非常生气。"北大法学院听说了这消息，赶紧请梁启超去讲学。他就只评一本书，就是批评胡适之的《中国哲学史大纲》。听的人多，法学院的大礼堂都挤乱了。过去只有文学院有胡适之是红彤彤的，法学院是冷冰冰的，现在法学院也热闹起来了。梁先生说胡适之的《中国哲学史大纲》这也不是，那也不是，讲了三个钟头。梁先生说，我还没有讲完，明天还要再讲三个钟头。第二天还未开会，胡赶快跑去见梁先生说：梁先生，我自小就读您的书，我昨天没有来，对您不住。我写文章还是从您老人家学得来的。胡适之这个不是丢丑，他有度量。学问上他讲得好，我就听他的，服从他，佩服他。"[2]

需要说明的是，蔡元培提倡思想自由，兼容并包，并不是主张对新旧思想文化采取不偏不倚的态度。恰恰相反，思想自由意在对抗文化专制，兼容并包是提倡和鼓励新派人物在封建主义的文化堡垒里争夺地盘。因此，实行"思想自由，兼容并包"的方针其实是为新思想、新文化的传播和发展开辟了道路。蔡元培曾指出，北京大学向来受旧思想的拘束，很不自由。他长北大

[1] 肖卫主编：《北大岁月》，内蒙古文化出版社2001年版，第315~316页。
[2] 中国蔡元培研究会编：《蔡元培纪念集》，浙江教育出版社1998年版，第16页。

"亢慕义斋图书"章

盖有"亢慕义斋图书"章的德文书。

后，聘请一些有新思想的人任教员，提倡新学理，发布新印刷品，目的就是想"开点风气"。

事实也确乎如此。在陈独秀、胡适等受聘到校后，与原有教员中"本已启革新端绪"的沈尹默、沈兼士、钱玄同等，形成一个革新营垒，"而文学革命、思想自由的风气，遂大流行"[1]。可以这样说，北京大学成为中国新文化运动的中心，其中一个很重要的原因，是因为蔡元培所提出的"思想自由，兼容并包"的办学方针。

还要指出的是，"思想自由，兼容并包"在客观上也为马克思主义在中国的早期传播提供了方便，创造了条件。在蔡元培看来，马克思主义作为一种学说，应该加以研究。因此，他允许在北京大学成立马客士（马克思）主义研究

---

[1] 高平叔编：《蔡元培教育论著选》，人民教育出版社1991年版，第709页。

会、社会主义研究会、马克斯（思）学说研究会等学术团体，并从精神和物质两方面给予支持。他同意北大图书馆购买英、日文版的马克思主义经典著作以及其他社会主义文献，拨出房间设立"亢慕义斋"，收藏英文版的马列著作，如马克思、恩格斯的《共产党宣言》，马克思的《法兰西内战》，恩格斯的《社会主义从空想到科学的发展》、《家庭、私有制和国家的起源》，列宁的《共产主义运动中的"左派"幼稚病》，以及许多马列文献的中文译本，如陈望道翻译的《共产党宣言》，恽代英翻译的《阶级斗争》，李汉俊翻译的《马克思资本论入门》等等，供人们阅读、学习和研究。"亢慕义斋"实际上是我国第一个专业的马克思主义文献图书室。蔡元培先后聘请陈独秀、李大钊到北大任教，他们两人后来成为中国共产党的主要创始人。正如毛泽东在与斯诺谈话中所说的，在1921年中国共产党成立大会的组织上，"起领导作用的是陈独秀和李大钊，他们两人都是中国最有才华的知识界领袖" [1]。其中，李大钊还在北大的讲坛上系统地讲授和宣传马克思主义和社会主义。在李大钊的带领和影响下，北大一批先进知识分子走上了信仰马克思主义的道路，其中许多人成为中国共产党的早期党员。北大成为中国最早的马克思主义传播中心，中国共产党建党初期党员最集中的地方。虽然这并不是蔡元培的初衷，但却是他实行"思想自由，兼容并包"的办学方针的结果。罗章龙在《追忆蔡孑民校长》一文中曾说："北大，在我国革命史上产生了不可磨灭的影响，也是我国最早学习和传播马克思主义，最早成立共产主义小组，也是我党建立初期党员最多之地，这些均与蔡先生做校长分不开。要是没有蔡先生这样民主，对待革命事业、对待新思想这样竭尽全力支持的校长，那么北大也就不会有这么大的贡献；蔡先生不聘请李大钊、陈独秀等到北大工作，那么共产党的活动就不会在北大开展；蔡先生不支持革命事业，不支持进步

---

[1] 李权之主编：《北大老照片》，中国对外经济贸易出版社1998年版，第41页。

力量，北大不会成为五四运动、新文化运动的发祥地，不会成为最早在我国传播马克思主义、最早成立共产主义小组的地方！"[1]罗章龙在1918年暑假，随毛泽东和其他新民学会的会员从湖南到北京。同年9月，他进入北大预科德文班学习。从1918年到1924年，在北大求学期间，正值蔡元培任北大校长。1919年，罗章龙参加了五四运动，参与发起组织北京大学马克思学说研究会，是中国共产党早期党员，曾任中共北京大学支部书记。作为蔡元培时代在北大学习六年的学生，这么多重要事件的参与者和见证人，罗章龙的评论应该是有说服力的。

（2）"思想自由，兼容并包"方针，为学生提供了自由选择的机会，有利于发展他们的独立思维和创新能力。正像蔡元培自己所说，之所以允许不同学术派别，甚至"两相反对之学说"在北大校园并存，其目的就是"令学生有自由选择的余地"。因为不同学派并存，各种观点自由讨论，在民主的学术氛围中，能启发学生的思路，鼓励他们在比较中辨别，并引出新义，从而增强他们探索真理的兴趣，提高研究学术的能力。一句话，有利于发展学生的独立和创新能力。

而且这种"自由选择"，不仅使北大的学生，也使其他学校的学生，甚至包括社会人士都可以在北大自由听课。前文已述，梁漱溟在北大哲学系的讲课很受欢迎，其听讲者中一半以上是非注册的自由听讲者，其中既有北大的学生，也有北京高等师范学校、北京法政专科学校的学生，还有的是社会上的好学者。

事实上，这种学生根据自己的旨趣，自由选择、随意听讲的现象，在当时的北大相当普遍。而当一些著名学者，"叫座教授"讲课时，这个现象表现得更为突出。并没有什么事先的宣传，然而当他们开讲时，各路听讲者便会慕名

---

[1] 中国蔡元培研究会编：《蔡元培纪念集》，浙江教育出版社1998年版，第183~184页。

绍兴故居内的蔡元培塑像。

接踵而来，往往因为听讲者众多而不得不将小教室改为大教室，大教室改为大讲堂。

　　这种自由听讲制度不仅使北大以及北京其他高校的在校学生受惠，同时得益的还有那些因贫困等原因而不能上学的青年，诸如商店的营业员、工厂的学徒等，他们借助于北大开放的听讲制度，都可以随意进入北大课堂听课，分享优质的教育资源，获取各种知识。其中许多人经过自身的长期努力，成为某一方面的优秀人才。类似的事例很多，这里以沈从文为例。[1]

　　沈从文是湘西"行伍"出身，几乎没有受过正规的教育，但艰难生活的历练，使他成为现代中国最知名的作家之一，成为北大的名教授。其中，他在北大的一段旁听经历，对他的成长起了重要作用。

　　大约在1923年夏天，沈从文为了准备投考大学，来到当时的北京。半年

――――――――――――

[1] 温儒敏、李宪瑜：《沈从文与北大》，2003年2月12日《中华读书报》。

后，他听从表弟黄村生的建议，搬到北大校址沙滩附近，开始在北大旁听，以备应考。1925年，因生计问题，沈从文在熊希龄创办的香山慈幼院当图书馆管理员。因而，他在北大旁听，主要是在1924年。

当时，因为北大允许旁听生自由出入，自由选课，以至"旁听族"的人数超过了正式生。而旁听生们在意识上，也把自己当作"北大人"，共享并参与造就着北大的民主科学精神。沈从文便是这浩浩荡荡的北大"旁听族"中的一员。他当时旁听的课程，最多的是日文，因为那时他和刚结识不久的朋友丁玲、胡也频都怀着去日本留学的梦想。此外，他还听过国文课、历史课、哲学课等。他甚至还冒充过正式生，坐进考场，不仅考及格，居然还得到3角5分钱的奖金，成为沈从文在北大旁听生活中的一件趣事。

在北大这一段旁听生活，使沈从文受到了新思想新文化的启蒙。虽然那时"五四"热潮已有所减退，但北大仍然是新思潮活跃的中心。沈从文一边旁听，一边如饥似渴地阅读大量书籍，在新思想新文化的冲击和启蒙下他的思想也进入一个新的境界，许多以前在乡下一无所知或迷惑不解的东西，此时忽然豁然开朗。而且因为是"旁听"，比正式生少了些约束，反而可以有更多的选择，也可以在自己所经历的生活背景下，更为自由地思索。比如他从当时北大最古怪的辜鸿铭那里就得到了非常深刻的教益。

有一次听辜鸿铭讲演，辜先生身穿一件湘色小袖绸袍，头戴一顶青缎子加珊瑚顶瓜皮小帽，腰系一根蓝色腰带，背后拖了一根细小焦黄的辫子，这身奇怪的装束引起了全场哄堂大笑。然而辜先生不以为然，从容不迫地对学生说："你们不要笑我这小小尾巴，我留下这并不重要，剪下它极其容易；至于你们精神上那根辫子，依我看，想去掉可不容易。"辜鸿铭这段话，对沈从文影响特别大，使他认识到灵魂的束缚是最难以摆脱的困顿。当他自己成了教授之后，经常对学生引述这段话，甚至晚年去美国各大学演讲，也将其作为一个富有哲理的掌故一再引用。

　　沈从文在北大旁听，结交了许多年轻朋友，大部分是同乡或文学青年，其中不乏后来的文学星斗，如刘梦苇、黎锦明、陈炜谟、陈翔鹤、冯至、梅晦等。他们与沈从文相处极好，彼此间有经历、性情的不同处，也有文学识见、审美趣味的趋同处。他们常在一起聚会，探讨文学，互相展示各自的文学创作，讨论文坛的热点问题等等，对沈从文的文学创作，起了积极的助推作用。

　　沈从文在北大旁听，还结识了一些北大的老师，并得到了他们的真诚帮助。郁达夫当时在北大教授统计学课程，在文学青年眼里，他无疑是文坛领袖之一。1924年冬一个寒冷的下雪天，郁达夫冒雪到沈从文的暂住地看望他。看到沈从文身体单薄，衣衫破旧，郁达夫解下自己的淡灰色羊毛围巾为他系上，请他吃饭，并将会账找回的3块多钱留给他。郁达夫还殷切地鼓励他"好好写下去"，给了沈从文以莫大的力量。又如北大哲学系著名教授林宰平，不仅帮助沈从文谋到了香山慈幼院图书馆管理员的差事，使他有了安身之处，而且还一再向徐志摩、陈西滢等人称许并推荐沈从文。这样，沈从文又陆续结识了闻一多、丁西林、吴宓、胡适、凌叔华、叶公超、杨振声、朱光潜、林徽因等人，进入了一个以北大、清华为中心的文人圈子，使他的文学才华得到展示的机会，他的作品也开始较多地在刊物上发表。对此，有论者评论说："当然，不能据此认为沈从文的文学地位是靠名人'提携'得来。作为一个才华横溢的作家，他迟早会脱颖而出的；但毋庸讳言，当时的许多刊物都有'同仁'性质，沈从文进入文坛多少得益于此。"[1]可谓客观公允。

　　正因为蔡元培时代的北大实行自由听课制度，满足了青年才隽的求知欲望，为他们的成长与发展，提供了机会，创造了条件。所以，在许多老北大人的追忆文章里，他们都怀着深厚的感情，对此赞不绝口。如著名翻译家曹靖华在

[1]温儒敏、李宪瑜：《沈从文与北大》，2003年2月12日《中华读书报》。

《回忆蔡元培先生》一文中,深情地写道:"我是蔡先生的学生。当时我因交不起学费,而去北大作为旁听生学习俄语,后经李大钊同志的帮助,我作为注册的学生可以长时间地在北大学习,要是没有蔡先生的首倡,我们这班青年是无法进北大的,也是无法学习文化知识的。当时柔石、胡也频、李伟森等青年也是这里的旁听生。蔡先生创造条件,鼓励青年学习文化知识,培养和扶植了一代青年,这个贡献是伟大的。"[1]当然,这种制度也受到了研究者的重视和好评。陈平原教授曾指出:"在众多关于北大的神奇传说中,最有影响而且延续至今的,当属本书所涉的自由听课。给充满求知欲的青年学生自我设计、自我选择的权利与机遇,学分制已经在很多大学推广开来;北大真正特异之处,在于默许外系、外校乃至外地的学生未经注册而进入教室。只要教室里有多余的位子,而你又不影响正常的课堂教学,周围的人即使明知你不是北大学生,也不会横加干涉。这已经成为北大校园里最为引人注目的风景。"[2]事实上,老北大允许学生自由出入课堂,自由听课,甚至无需注册,还蕴含着蔡元培大学要向社会开放,要为社会培养人才,为社会发展服务的教育理念。在大力提倡终身学习、建立学习型社会的今天,蔡元培时代老北大的这个传统,尤有值得发扬光大的价值。

(3)"思想自由,兼容并包"的方针,还有利于中西文化的交流和融合。蔡元培说大学是"囊括大典,网罗众家"的学府,当然包含着对中西文化要兼收并蓄、融会贯通之意。1918年10月22日,他在北大画法研究会的演说词中,明确说道:"今世为东西文化融和时代。西洋之所长,吾国自当采用。"因此,主张中国画应该像西洋画吸取中国画的长处一样,努力吸取西洋画的优点。"彼西方美术家,能采用我人之长,我人独不能采用西人之长乎?"[3]而且

---

[1] 中国蔡元培研究会编:《蔡元培纪念集》,浙江教育出版社1998年版,第185页。

[2] 陈平原:《北大边缘》,2001年9月19日《中华读书报》。

[3] 高平叔编:《蔡元培全集》(第3卷),中华书局1984年版,第208页。

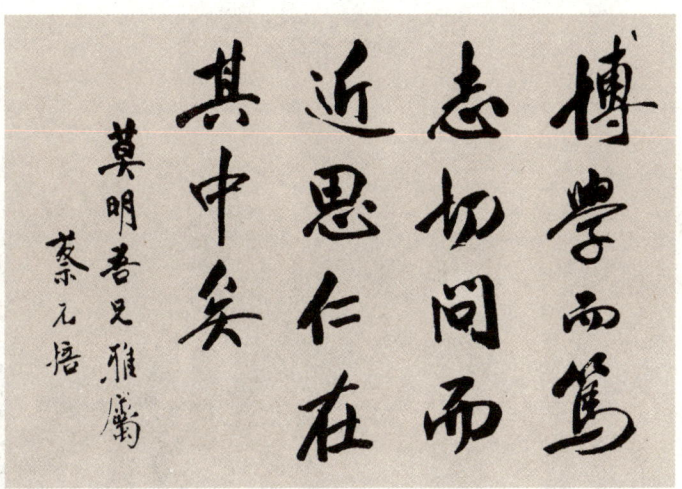

蔡元培手迹。

在他看来，新文化就是各种不同文化相互融会贯通的产物。1921年6月14日，在访问美国期间，他在华盛顿乔治城大学所作的题为《东西文化结合》的著名演说中，以历史事实深刻地阐明了这一点。他说："综观历史，凡不同的文化互相接触，必能产出一种新文化。如希腊人与埃及及美琐波达米（美索不达米亚）诸国接触，所以产出雅典的文化；罗马人与希腊文化接触，所以产出罗马的文化；撒克逊人、高卢人、日耳曼人与希腊、罗马文化接触，所以产出欧美诸国的文化。这不是显著的例证么？就在中国，与印度文化接触后，产出十世纪以后的新文化，也是这样。"[1]

正是鉴于以上认识，蔡元培在北大办学的各个方面采取各种措施，促进中西文化的交流和融合。如他积极延聘在世界各国学成的中国留学生到北大执教，并为他们的发展提供舞台，创造条件；同时作为一种制度，北大的教

---

[1] 高平叔编：《蔡元培全集》（第4卷），中华书局1984年版，第50页。

1920年10月，蔡元培（前排中）主持北大授予杜威（前排左二）名誉博士学位后留影。

师工作满一定年限，可以带薪出国研修，吸收国外最新科学成果。在课程建设上，在文科方面，要求"于旧文学外，兼提倡本国近世文学及世界新文学"，"力矫偏重英语的旧习，增设法、德、俄诸国文学系"，并将世界语列为选科；在理科方面，要求教材必须吸收该学科世界各国的最新科研成果，提倡开设中西文化比较的课程，以加深对中西文化的认识。他还努力设法，积极邀请世界各国著名学者和社会名流来北大讲学，其中包括英国的著名哲学家罗素，美国著名教育家杜威和孟禄，法国著名数学家班乐卫，以及印度伟大诗人泰戈尔等。与邀请外国著名学者和社会名流讲学相关，北京大学还授予杜威、班乐卫等人名誉学位，开创了中国大学向外国人颁受荣誉学位之先声。如此等等，在蔡元培的努力下，当时的北京大学是古今兼陈，中西并蓄，可谓是"融会中外新旧冶于一炉"。

（4）"思想自由，兼容并包"方针还因为北京大学，进而深刻影响了中国文化教育和社会的发展。学者们在评论蔡元培的历史功绩时，往往把他同北京大学的发展，同中国社会的进步相联系。如1940年，蔡尚思在《蔡元培先生的各种特点》一文中写道："总而言之，没有先生（指蔡元培——引者），北京大学便不会如此伟大；没有伟大的北京大学，中国教育文化便不会有如今的可观。"[1] 1941年，罗家伦在《蔡元培时代的北京大学与五四运动》一文中也说："以一个大学来转移一时代学术或社会的风气，进而影响到整个国家的青年思想，恐怕要算蔡孑民时代的北京大学。"[2] 时隔不久，1946年，美国学者杜威从比较的角度也谈了这个问题。他说："拿世界各国的大学校长来比较一下，牛津、剑桥、巴黎、柏林、哈佛、哥伦比亚等等，这些校长中，在某些学科上有卓越贡献的，固不乏其人；但是以一个校长身份，而能领导那所大学对一个民族、一个时代起到转折作用的，除蔡元培而外，恐怕找不出第二个。"[3] 上述学者们的说法虽然不一样，然而他们都充分肯定了蔡元培领导的北京大学对中国社会进步所发挥的巨大作用。当时的北京大学之所以能产生如此大的影响，原因固然是多方面的，但其中"思想自由，兼容并包"的办学方针无疑发挥了核心作用。因为在"思想自由，兼容并包"的方针下，北京大学学术思想活跃，新思潮勃兴，新文化空前发展，学生思想大为解放，民族意识大为增强，爱国热情大为高涨，从而使北京大学成为中国新文化运动的中心，马克思主义在中国早期传播的中心，以及轰轰烈烈的反帝反封建的五四运动的发源地，为中国历史开辟了新纪元。毋庸置疑，这是时代使然，然而蔡元培全面革新北京大学，实行"思想自由，兼容并包"办学方针的功绩，也不可低估。

---

[1] 中国蔡元培研究会编：《蔡元培纪念集》，浙江教育出版社1998年版，第528页。
[2] 中国蔡元培研究会编：《蔡元培纪念集》，浙江教育出版社1998年版，第231页。
[3] 中国蔡元培研究会编：《论蔡元培》，旅游教育出版社1989年版，第122页。

创建教授治校的管理体制

在端正办学理念，确定办学方针的同时，蔡元培还致力于学科设置、教学制度、招生制度、校园文化建设等方面的改革，其核心是创建教授治校的管理体制。

依靠教授——高等学校中教学和科研的主力军，把他们的力量组织起来，充分发挥他们在立法、决策和行政上的作用，建立起民主的管理体制，这是蔡元培重要的高等教育理念，也是他对中国近代高等教育管理所作的重要贡献。

1934年1月，故宫博物院南京分院奠基合影（前排右五为蔡元培）。

　　蔡元培是国内最早提倡教授治校的著名教育家。早在民国元年，他任教育总长时亲手起草的《大学令》中，就提出大学设立评议会，大学各科设立教授会，并对评议会、教授会的组成和职责作了具体规定，用法律的形式规定了教授治校的体制。

　　北京大学虽然在1915年11月，根据《大学令》的规定，在名义上建立了评议会，然而评议会的权限并没有得到真正落实，学校行政事务的决定权依然集中在少数几个人手中，甚至连各科学长都不参与。正如蔡元培所说：我初到北京大学，就知道以前的办法是，一切校务都由校长与学监主任、庶务主任少数人办理，并学长也没有与闻的。对此状况，蔡元培深为不满，因此，在担任北大校长后，便着手进行改革。他按照《大学令》的规定，建构了教授治校的管理体制。这个体制的建立包括几个步骤。

　　第一步，组织大学评议会，作为学校的立法机关，"给多数教授的代表，议决立法方面的事"[1]。在蔡元培担任北大校长的当年，北京大学即正式成立了评议会。1917年制定的《北京大学评议会规则》共八条，其具体内容如下：

　　第一条　本会以左（下）列人员组织之：

　　（甲）校长。（乙）学长及主任教员。（丙）各科教授。每科二人，自行互选。以一年为任期，任满得再被选。

　　第二条　本会议长一人，以校长任之。书记一人，由会员中推举。

　　第三条　选举于每年暑假后第一个月内行之。

　　第四条　本会讨论左（下）列各事项：

　　（甲）各学科之设立及废止。

---

[1]　高平叔编：《蔡元培全集》（第3卷），中华书局1984年版，第342页。

1929年，蔡元培与中华教育文化基金董事会董事合影（前排自左至右：蒋梦麟、施肇基、蔡元培、顾临、翁文灏；后排自左至右：任鸿隽、司徒雷登、贝诺德、贝克、赵元任）

1930年7月20日，中华教育文化基金董事会第六次年会合影（前排中为蔡元培）。

（乙）讲座之种类。

（丙）大学内部规则。

（丁）关于学生风纪事项。

（戊）审查大学学生成绩及请授学位者之合格与否。

（己）教育总长及校长咨询事件。

（庚）凡关于高等教育事项将建议于教育总长者。

第五条　本会每月开常会一次，由议长指定日期，于三日前通知。

第六条　本会遇有特别事件，由议长径行或过半会员之提议，召集临时会议。

第七条　本会非有过半人数以上列席，不得决议事件。

第八条　本会议决事件，凡关于校内者，由校长分别交该管职员办理，惟第四条庚项之建议，得以本会名义行之。办理情形，会员可随时请该管职员出席报告。[1]

随着评议会工作的开展和经验的积累，1920年春，又对评议会规则作了较大修订，不仅内容更为具体、全面，尤为重要的是，强调了评议会组成人员的教授资格和评议员产生的民主性，突出了评议会立法内容的广泛性和权威性。在对评议会规则作修订的同时，1920年4月1日，评议会又通过了《北京大学评议会会议细则》，对评议会如何运作，做了具体规定，促进了北大评议会工作的制度化、规范化。

第二步，组织各学科各学门教授会。蔡元培认为，在学校中，校长与学长仍是少数，必须要让更多的教授参与学校事务，让他们直接参与决定各学门具体事宜，因此在大学评议会下面还必须建立各学门教授会。1917年，与《北

---

[1]中国蔡元培研究会编：《蔡元培全集》（第18卷），浙江教育出版社1998年版，第228~229页。

京大学评议会规则》产生的同时，还制订了《北京大学学科教授会组织法》。自1918年1月起，北京大学各学门相继成立教授会。1919年，废学门而为学系后，则相应改为各学系教授会。1920年9月18日，在评议会通过的《北京大学现行章程》中明确规定："各学系教授会由各学系之教授组织之，规划本学系教科上之事务。"

第三步，建立行政会议、教务会议和总务处。行政会议"协助校长规划推行全校事务"，由各常设行政委员会委员长及总务长组成。校长为当然议长，教务长为当然会员，总务长为当然会员兼书记。行政会议下设各行政委员会。各行政委员会为常设机构，"协助校长规划推行各部分事务"。各委员会委员由校长从教职员中指任，征求评议会同意。每个委员会人数7至13人（其中临时委员会及有特别情形者，可酌量增加人数），设委员长一人，由校长于委员中指任，以教授为限。各委员任期一年。凡校长出席委员会时，校长为当然主席。

教务会议"协助校长规划教务，督促进行"。教务会议以教务长及各学系主任组成。教务长由各学系主任互选，任期一年，可连选连任。学系主任由各学系教授会教授互选。若系中只有教授一人，即为主任；二人者则轮值，以先入者为始。学系主任任期两年，亦可连选连任。

总务处"管理全校之事务"。总务处设总务长一人，全面负责；总务委员若干人，分管各部事务。总务长由校长于总务委员中委任，必须由教授担任（教务长不得兼任），任期两年，可续任一次。总务委员也由校长委任，凡由教授兼任者，任期三年，可连任。总务委员分管一部或数部事务，由校长指定。分管某部之总务委员，则称某部主任。

至1920年9月，蔡元培已在北京大学建构了一个较为成熟的教授治校管理体制。制成图表如下：

北京大学教授治校管理体制示意图（1920年9月）

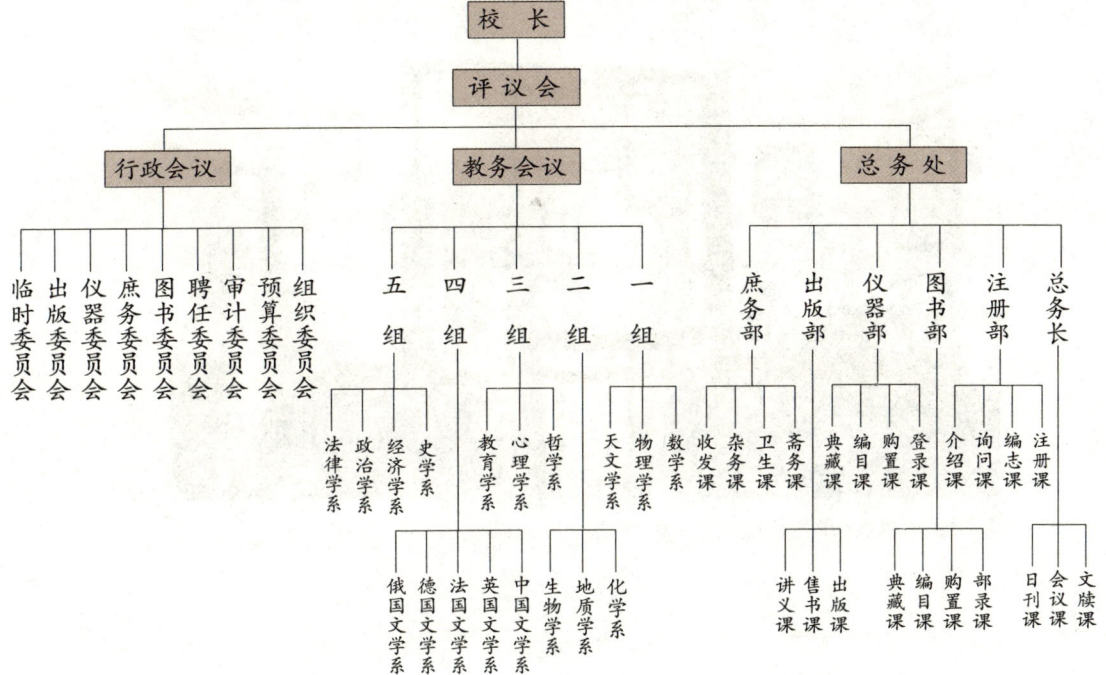

很清楚，这种体制以校长为核心，以评议会为立法机关，以行政会议、教务会议、总务处为行政机构，以教授为各机构的成员或领导力量，它既充分发挥了教授在学校立法、行政管理中的积极作用，同时在机构设置上，一方面实行立法和行政分离，另一方面精简机构。当时数千人规模的北京大学，全校只有校长一人，没有副校长。校长办公室也只设秘书一人，处理校长日常往来函件。行政会议、教务会议、总务处三足鼎立，职责分明，各司其职，形成了民主高效的管理体制。

蔡元培在北京大学建立教授治校的管理体制，是对中国传统的高等教育管理的改革和创新，其目的是为了改变学校事务由校长等少数人说了算的专

上海蔡元培故居内景。

制管理，这是他民主思想的反映。从思想渊源上分析，是受到德国教育经验的影响。蔡元培长期留学德国，推崇德国大学管理上的民主精神。他说德国革命以前是很专制的，然而大学的管理却是"极端的平民主义"。校长与各科学长均由教授会选举产生，每年更换一次。而且，校长由神学、医学、法学、哲学四科的教授按年轮流担任，学生从来没有因为校长的去留而发生问题。他赞许道："这是何等精神啊！"他借鉴德国大学的管理经验，建立教授治校的体制，使学校能实行民主管理，正常运转。他满怀信心地说："照此办法，学校的内部，组织完备，无论何人来任校长，都不能任意办事。即使照德国办法，一年换一个校长，还成问题么？"[1]

[1] 高平叔编:《蔡元培全集》(第3卷)，中华书局1984年版，第341~342页。

事实也证明，蔡元培建立的教授治校的民主管理体制，在实际中对北京大学的稳定和发展起了积极作用。正如顾孟余在《忆蔡孑民先生》一文中所评论的："先生长校数年，以政治环境关系，在校之时少而离校之时多。离校之时，校务不但不陷停顿，且能依照计划以进行者，则以先生已树立评议会及各种委员会等之制度。此制度之精神，在以教授治理校务，用民治制度，决定政策，以分工方法，处理各种兴革事宜。然而非校长之清公雅量，则此制度不克成立，非师生绝对信赖校长，此制度不易推行也。" 诚哉，斯言！[1]

北京大学校园内的蔡元培铜像（右立者为本书作者）。

---

[1] 中国蔡元培研究会编：《蔡元培纪念集》，浙江教育出版社1998年，第158页。

　　总之，民主精神和依靠专家，这是蔡元培教授治校思想的两根支柱，这在当时无疑是进步的。教授是学校教学与科研的主力，他们既懂教育，又有学问，蔡元培依靠他们来管理学校，让他们直接参与决定学校大事，调动了教授们的积极性和创造性。同时，教授治校的管理体制，又使学校的管理走上了民主化、规范化的轨道，提高了行政管理的效率，为教学、科研水平的提高，学校的发展，创造了良好的条件。蔡元培在北京大学实行教授治校的成功经验，值得我们认真研究。

五 民国大学院院长

南京国民政府建立后，蔡元培出任全国最高学术教育行政机关——中华民国大学院院长。从1927年6月17日被任命，至1928年10月3日辞职，历时一年多。在此期间，蔡元培以一个教育家的智慧、气魄和胆略，在全国范围内组织和领导了一系列重大的教育改革，为中国教育的发展作出了新的贡献。如1928年2月18日，大学院发布训令，废止绵延数千年的春秋祀孔旧典。7月27日，通令全国提倡语体文，规定小学一律采用语体文教学，不准采用文言文教科书；初级中学入学考试，不考文言文；等等。本章将会扼要叙述蔡元培在大学院院长任上所进行的重要改革。

1928年5月17日，蔡元培（前排左八）与全国教育会议（史称"第一次全国教育会议"）代表合影。

改革教育行政制度，
"以学术化代官僚化"

　　全国最高学术教育机关的名称不沿袭以往的教育部而改为大学院，相应地创新地方教育行政制度，积极试行大学区制，这是蔡元培在大学院院长任上进行的一项重要改革。

　　全国最高学术教育机关不称教育部而改称大学院，是由蔡元培、李石曾、褚民谊三人提议的。在大学院成立之前，南京国民政府主管全国教育的最高行政机关是中央教育行政委员会。该委员会1926年3月1日成立于广州，当时的成员为陈公博、甘乃光、许崇清、金曾澄、钟荣光、褚民谊、韦悫、经亨颐八人。1927年4月18日，南京国民政府成立。为了增强领导力量，4月27日，由国民政府正式任命，增加蔡元培、李石曾、汪精卫三人为委员。同年5月，该委员会在南京举行第74次会议，公推蔡元培、李石曾、褚民谊三人为常务委员。6月13日，由蔡元培领衔，三人共同向国民党中央政治会议第105次会议提交《关于设立中华民国大学院的提案》，以及附件《中华民国大学院组织法草案》。

　　上述提案明确阐述了改教育部为大学院的理由：关于国民政府应添设教育部问题，蔡元培等筹议再三，以为近来官僚化之教育部，实有改革之必要。欲改官僚化为学术，莫若改教育部为大学院。1928年1月，在《〈大学院公报〉发刊词》中，蔡元培对此作了进一步说明："民国纪元以前，管理学术及教育之机关曰学部；

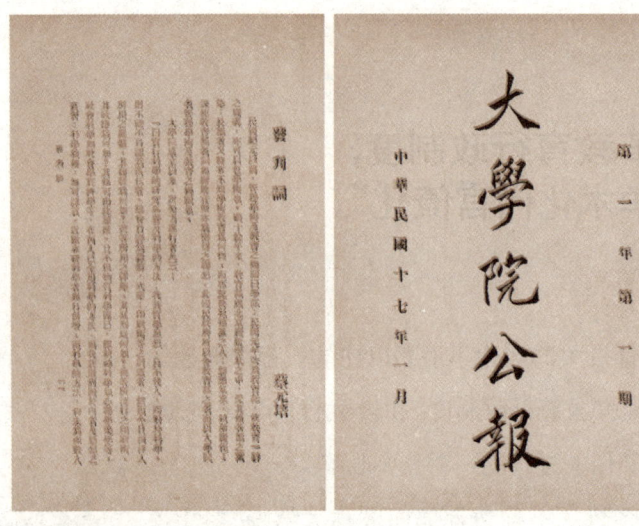

《大学院公报》第一年第一期。

民国元年改为教育部，依教育一辞之广义，亦可以包学术也。顾十余年来，教育部处北京腐败空气之中，受其他各部之熏染；长部者又时有不知学术教育为何物，而专骛营私植党之人；声应气求，积渐腐化；遂使教育部名词与腐败官僚亦为密切之联想。此国民政府所以舍教育部之名而以大学院名管理学术及教育之机关也。"[1]

在大学院组织法草案中，关于大学院机构设置的主要内容为：大学院为全国最高学术教育机关，秉承国民政府之命，管理全国学术教育行政事宜；大学院设院长一人，综理全院事务，并为国民政府委员；大学院设立大学委员会，由各学区中山大学校长、大学院教育行政处主任，以及由大学院院长聘请的国内专门学者五至七人组成，大学院院长为委员长，大学院秘书长为秘书。大学委员会推荐大学院院长，议决全国学术教育一切重要问题；大学

[1] 高平叔编：《蔡元培全集》（第5卷），中华书局1988年版，第194页。

院下设秘书处、教育行政处作为办事机构，前者负责处理日常事务，后者负责教育行政事务；大学院另设中央研究院，以及劳动大学、图书馆、博物院、美术馆、观象台等国立学术机关，并根据实际需要，随时设立学术基金委员会等学术与教育专门委员会。经过三个月的实际运作后，教育行政处主任改为副院长，负责全院行政事务。同时将教育行政处改为五组：学校教育组、社会教育组、法令统计组、书报编审组、图书馆组，分管教育行政事务。后来又作调整，名称由组改为处，机构从五个改为四个，即高等教育处、普通教育处、社会教育处、文化事业处。另设参事，专管法令事宜。

　　由上可见，"以学术化代官僚化"，或者说"改官僚化为学术"，这是蔡元培主张以大学院替代教育部的初衷。因此，在大学院的机构中，他特别重视大学委员会的设置。因为在他看来，这是"以学者为行政之指导"，是实现以学术化代替官僚化的至关重要的一环。具体而言，蔡元培主张大学院制有以下三点"根本理由"，这三点同时也体现了大学院制的基本特点。它们是：第一，学术、教育并重，以大学院为全国最高学术教育机关。第二，院长制与委员制并用，以院长负行政全责，以大

任南京国民政府大学院院长的蔡元培。

学委员会负议事及计划之责。第三,计划与实行并进,设中央研究院,实行科学研究;设劳动大学,提倡劳动教育;设音乐院、艺术院,实行美化教育。

蔡元培等的提议为国民党中央政治会议第105次会议通过。6月17日,国民政府特任蔡元培为中华民国大学院院长。大学院组织法草案经法制委员会修订后,7月4日,由国民政府正式公布。10月1日,蔡元培宣誓就职,大学院在南京成贤街原国民党中央党部旧址正式成立。

在中央将教育部改为大学院的同时,蔡元培还创新地方教育行政制度,积极试行大学区制。所谓大学区制,简单而言,就是将全国划分为若干个大学区,每个大学区设立一所大学,大学校长不仅办理本大学,而且还兼管全学区的教育事业。早在1922年3月,蔡元培就提出了在全国建立大学区制的具体设想,南京国民政府成立后,他就开始把这种设想付诸实践。

在提交设立中华民国大学院的提案的前一周,即1927年6月7日,蔡元培代表教育行政委员会,向国民党中央政治会议建议:变更教育行政制度,在全国建立大学区制。为什么必须要变更教育行政制度呢?蔡元培等认为,我国近年来大学教育纷乱,普通教育不振,原因固属多端,但教育行政制度不良也是重要原因。因此,必须改革,"以一事权,而利教育"之发展。具体而言,主要有两点理由:其一,凡是大学均应建立研究院,这样一切行政问题都可以交议,"以维持学问之精神",注重研究。然而当时教育界的现状是,欠薪累累,膏火不继,图书缺乏,设备不周,教员普遍不重视研究,因此必须改革。其二,当时的教育行政机关已经官僚化。他们除簿书之外,几无他事。办事所依据的标准,法令成例而已,不问学术根据如何。于是,与学术联系最为密切的教育事业反而与学术相分离。因此,"应该顺应时代的潮流",效仿法国教育行政制度,以大学区为教育行政单元,区内教育行政事务,由大学校长处理,遇有疑难问题,由各学院协助解决,使"教育得有学术之根据"。否则,中国教育行政制度"永无改进的希望"。

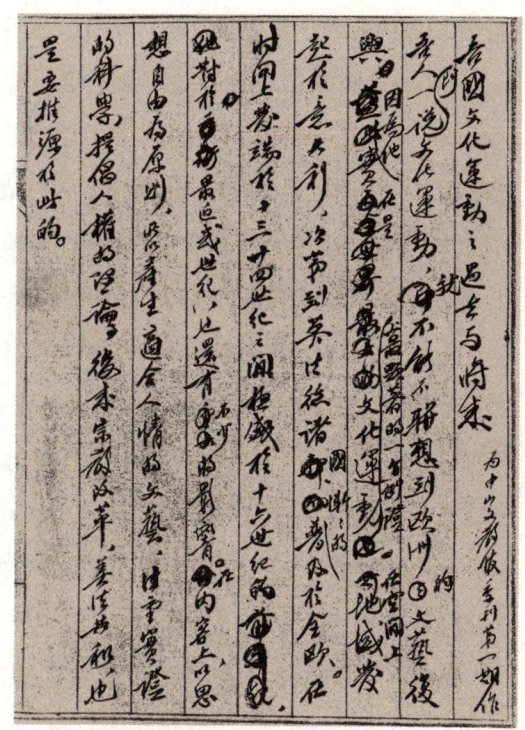

蔡元培手迹。

　　在提出上述建议的同时，蔡元培还提交了《大学区组织条例》和《大学行政系统表》。前者的主要内容包括：全国依据现有的省份及特别区，定为若干个大学区，以所在省份或特别区的名称名之，如浙江大学区、江苏大学区等。每大学区设校长一人，总理区内一切学术与教育行政事务；设立评议会，为本大学区立法机构；设立研究院，为本大学研究专门学术的最高机关。院内设立设计部，凡省政府一切有关建设的问题，随时可以提交研究讨论；设立秘书处，作为办事机构，辅助校长处理本区行政上各种事务。大学区还分别设立高等教育部，管理本部各学院，以及其他大学、专门学校和留学事宜；普通教育部，管理区内公立中、小学校，以及监督私立中、小学校；扩充教育部,管理区内劳农学院以及其他一切社会教育事业。

国民党中央政治会议通过了蔡元培的建议,《大学区组织条例》也由国民政府核议后正式颁布,并决定"暂在浙江、江苏等省试行"。1927年7月,江苏设立第四中山大学,张乃燕任校长,同时成立第四中山大学区。同年8月,浙江设立第三中山大学,蒋梦麟任校长,同时成立第三中山大学区。1928年2月,第三中山大学改为浙江大学,第四中山大学改为江苏大学,后又更名为国立中央大学,大学区也分别改为浙江大学区和中央大学区。同年9月,又设立北平大学区,管辖河北、热河两省,以及北平、天津两特别市的教育行政。此时的北平大学由北京9所国立大学,以及河北大学、天津法政专门学校、北洋大学等合并而成,校长为李石曾。至此,大学区制在江苏、浙江和北平三省区先后试行。蔡元培变更地方教育行政制度,在我国建立大学区制的设想,终于部分地变成了现实。

蔡元培主张试行大学区制,很显然是受到法国教育行政制度的影响。他在《我在教育界的经验》一文中明确说道:大学区的组织,是模仿法国的。法国分全国为十六七个大学区,每区设立一所大学,区内各种教育事业,都由大学校长管理。这种制度优于中国省市教育厅局制的重要一点,即在于大学有许多学者。但是,他也不是简单照搬法国的经验。因为在他看来,法国大学区制也有不足之处。如法国大学区,以大学校长为关键,即大学校长一方面为大学评议长,一方面为地方教育机关之总管,全区教育事业全系于校长一人之身,此制尚未尽善。因而他主张:"应以全区教育之权,归于大学评议会,评议会中可以收容多数人才,一方面办理大学,一方面筹画普通教育事业,必较之现在教育厅成效更多。因教育厅长之人才,至多可抵一大学教授,其他科长、科员等,自然不及厅长。"[1]所以设立大学区评议会,作为全区教育立法

---

[1] 高平叔编:《蔡元培全集》(第4卷),中华书局1984年版,第45~46页。

机构,这是蔡元培在学习法国教育经验基础上的一个创新,也是他试行大学区制的一个重要特点。

　　然而实际情况是,无论是大学院制还是大学区制,均遭到了非议和反对,结果都半途夭折。1928年8月14日,国民党二届五中全会议决:国民政府设立立法、司法、行政、考试、监察五院。行政院下设内政、外交、军政、财政、教育、交通、工商、农矿八部,表明废止大学院改设教育部的意见被接受。自8月17日起,蔡元培连续四次向国民党中央政治会议及国民政府请辞中央政治会议委员、国民政府委员、大学院院长及兼代司法部长等本兼各职。10月3日,国民党中央政治会议同意蔡元培辞去大学院院长及兼代司法部长之职,同时特任蒋梦麟接任大学院院长。10月25日,国民政府行政院成立,大学院改为教育部,蒋梦麟任部长。大学院从1927年10月1日成立,至此时恰好存在一年。大学区制也在一片反对声中,不得不偃旗息鼓。1929年6月25日,国民政府行政院议决:浙江、北平两大学区在暑期内停止,中央大学区限于在本年年底结束。实际结果是:浙江大学区、北平大学区于7月裁撤,中央大学区也提前于8月裁撤。大学区制在试行两年后,不得不退出历史舞台,无声地消失了。

　　蔡元培在南京国民政府时期试行大学院制和大学区制失败的经历,再一次告诉我们,在中国开展教育行政制度的改革是多么的艰难和不易。大学院制和大学区制,虽然在中国近代教育史上只是昙花一现,然而,这无疑是中国教育行政制度史上一次崭新的尝试。蔡元培借鉴法国教育经验,勇于改革"官僚化"的教育行政制度,不仅彰显了一代教育家的改革创新精神,而其希冀的以学术化代替官僚化,使教育行政管理有学术的依据,而不只是仅仅依靠法令或成例,从而建立起学术化、民主化和高效化的教育行政管理制度,依然是我们今天教育行政制度改革和发展所追求的目标和理想。

制定新的教育宗旨

南京国民政府成立后,中国教育又走到了一个转折点,面临着一个新的发展机遇期。为了能够集中全国教育家的意见,解决中国教育发展所面临的"许多重大问题",以推进中国教育的统一与发展,在蔡元培的精心组织和主持下,大学院于1928年5月15日至28日,在南京召开全国教育会议。由于这是在南京国民政府成立后召开的第一次全国性的教育会议,所以在历史上被称为第一次全国教育会议。尽管当时全国尚未统一,战争还在进行,交通也没有完全恢复,但有来自各部、各省区、各特别市的代表以及特聘教育专家80余人,大家克服种种困难,齐集南京,踊跃参会。会议共收到各种议案400余件,经过筛选后成立的为337件,最后合并成130件,内容涉及三民主义教育、教育行政、教育经费、高等教育、普通教育、职业教育、科学教育、体育、艺术教育、社会教育、出版物、改进私立学校等。正如蔡元培在闭幕词中所言:"对于教育上的重要问题,几乎网罗无遗。"[1]会议代表经过认真讨论,大家集思广益,使当时教育发展所面临的许多重要问题,"多得正当之解决"。根据会议的议决案,大学院后来陆续发布了各种通令,对当时教育的发展起了引领和规范的作用。以三民主义为标准,制定新的教育宗旨,即是其中的重要内容。

教育宗旨是事关教育发展指导思想的一个基本教育问题,它具有鲜明的时代性。南京国民政府成立后,原来由北京政府教育部于1912年9月公布的教

---

[1] 高平叔编:《蔡元培全集》(第5卷),中华书局1988年版,第234页。

育宗旨显然已经不适用了。因此，制定一个适应形势发展需要的新的教育宗旨，既是当时教育界的强烈愿望，也是南京国民政府的迫切需要，而这也自然成为这次全国教育会议的一项重要议题。在大学院成立之后的一段时间里，蔡元培在多个场合，提出以科学化、劳动化、艺术化作为教育方针。如1928年2月11日，他《在金陵大学开学式的演说》中说：大学院以科学化、艺术化、劳动化相提倡。5月15日，在《全国教育会议开会词》中，他又说：对于教育方针，简言之，使教育科学化、劳动化、艺术化。

蔡元培所说的教育科学化，即是提倡科学教育，重视科学研究和普及科学方法。蔡元培认为，我国哲学思维素来发达，在自然科学方面，古代也有著名的四大发明。然而，自近代以来，我国不仅自然科学落伍了，而且精神科学、社会科学也都落后了。近来虽然研究科学者与日俱增，但科学的方法尚未为多数人所采用，至于科学研究机关，更是绝无仅有。在蔡元培看来，"科学方法，非仅仅应用于所研究之学科而已，乃至一切事物，苟非凭借科学，明辨慎思，实地研究，详考博征，即有所得，亦为偶中；其失者无论矣"。因此，为了"实行科学的研究与普及科学的方法"，大学院一方面设立中央研究院，从事高深的科学研究，以为全国学术之中坚；另一方面，设立科学教育委员会，筹划全国科学教育的开展，推广民众的科学训练，促进科学方法的广泛运用。

所说的教育劳动化，即是重视劳动教育，养成全国人民的劳动习惯。蔡元培指出，劳动化有利于破除劳力与劳心的成见，"养成身体发达之平均"。他说：人之动作，非仅凭脑，脑部之外，尚有手足。苟只凭用脑力研究学问而不用劳力，则身体上不能获得平均之发达，以致年龄愈大、脑力愈衰。劳力者一字不识，仅以力量工作，有如蜂、蚁，结果恐怕永无进步。因此，"研究教育事业，必须脑力、劳力同时互用，否则不能有良好结果"。更为关键的是，劳动化"乃在打破劳动阶级与智识阶级之界限"。蔡元培指出：现今世界的大问题,是劳心者与劳力者的对立。"欲救其弊,在使劳心者亦出其力,以分工农之劳;于是劳力者得减少其工作之时间,而亦有劳心之机会。"有鉴于此,大学院设想在上海设立劳动大学,其中设有高等、中等班,用意在于使平日偏重劳心之学者,兼为劳力的工作;有工、农夜校,目的是使平日偏重劳力之农、工,亦有劳心的课程。至于普通中、小学校,也将劳动列为正式课程,以养成中小学生的劳动习惯。而且,拟接受大学委员会李石曾委员的建议,今后建立一种制度,象征兵制一样,使每个中学毕业生都"有服劳一年以上之义务"。

所说的教育艺术化,即是要重视艺术教育,提起全国人民对于艺术的兴趣。在蔡元培看来,一个人从小到大,到老,至死,如无艺术的兴趣,那么其"一世生活,真无兴趣之可言"。艺术具有特殊的陶冶人的功能。它超出于利害生死之上,而自成兴趣,能够调节人的感情。"故欲养成高尚、勇敢与舍己为群之思想者,非艺术不为功。"因而,在大学院设立艺术教育委员会,负责筹划全国艺术教育,并且直接设立音乐院和其他美术学校、美术馆,举办美术展览会等。

1928年8月17日,大学院根据全国教育会议议决的结果,向国民党中央政治会议报送的《中华民国教育宗旨》的具体内容如下:

恢复民族精神,发扬固有文化,提高国民道德,锻炼国民体格,普及科学知识,培养艺术兴趣,以实现民族主义。

灌输政治智识,养成运用四权之能力;阐明自由界限,养成服从法律之习惯;宣扬平等精义,增进服务社会之道德;训练组织能力,增进团体协作之精神;以实现民权主义。

养成劳动习惯,增高生产技能,推广科学之应用,提倡经济利益之调和,以实现民生主义。

提倡国际主义,涵养人类同情,期由民族自决,进于世界大同。

很明显，这个教育宗旨是依据"以三民主义建国，应以三民主义施教"的精神而制定的，包含了蔡元培自大学院成立以来一直大力提倡的教育科学化、劳动化和艺术化的思想。

然而，这个宗旨被认为是对"三民主义教育之真谛，既无所阐明；而于教育与党之关系，尤乏实际联络"。因此，它并没有被批准通过。1929年4月26日，由南京国民政府正式颁布的教育宗旨为：中华民国之教育，根据三民主义，以充实人民生活，扶植社会生存，发展国民生计，延续民族生命为目的；务期民族独立，民权普遍，民生发展，以促进世界大同。事实上，就教育的指导思想而言，这个教育宗旨比较空泛，没有蔡元培所主张的教育科学化、劳动化、艺术化的教育方针贴近教育实际。

创设国立音乐院和国立艺术院

作为教育艺术化思想的具体体现，1927年，蔡元培与萧友梅在上海创设了国立音乐院；1928年，他又提议在杭州创设国立艺术院。这是他在大学院院长任上所作的又一重要贡献。

国立音乐院是在大学院成立之初创设的。现在看来，最早提议设立国立音乐院的是音乐家萧友梅。萧友梅，广东香山县（今中山市）人，早年留学日本东京帝国大学，由孙中山介绍加入同盟会。1912年初任南京临时政府总统府秘书，年底赴德国莱比锡音乐学院专攻音乐，1916年获哲学博士学位。1920年秋，被蔡元培聘为北京大学音乐研究会导师。后来，在萧的提议下，在音乐研究会的基础上又设立北京大学附设音乐传习所，蔡元培兼任所长，萧友梅任教务主任，实际主持该所工作。早在1920年底，萧友梅就向北京政府

1935年9月，萧友梅在新落成的
国立音乐专科学校校舍前留影。

教育部提议设立一所独立的音乐专门学校，并得到了时任教育总长范源濂的
赞同和支持。但范不久辞职，萧的计划落空。据萧友梅回忆：1927年7月，他
决意离开北平南下时，曾提请蔡元培在大学院成立时，在上海创设一所音乐
院。一来表示音乐非独立不可，二来可以纪念大学院。蔡元培显然赞同和接
受了他的建议，因此在10月大学院宣告成立后，就着手筹备创设国立音乐院，
并于11月27日下午2时，在上海举行开院典礼，标志着国立音乐院正式成立。
蔡元培兼任院长，出席开院典礼，并以主席身份致词。萧友梅担任教务主任，
主持实际工作。虽然在此之前，国内已经有了若干高等音乐教育机构，如除
上文已述北京大学附设音乐传习所外，还有北京女子高等师范学校音乐专修
科等，但直至国立音乐院的创设，中国才有了真正意义上的独立设置的高等
音乐学校。因此，国立音乐院的设立，实开中国高等音乐教育的新纪元。

1936年4月，蔡元培在
国立音乐专科学校留影。

    1929年8月，国立音乐院改名为国立音乐专修科，萧友梅任校长兼教务主任。蔡元培虽不再兼任院长，但1930年8月，他接受聘请，担任该校董事会主席，因而仍然参与学校重大事情的决策。著名音乐史专家，20世纪30年代曾担任萧友梅文牍工作的廖辅叔先生，在《蔡元培先生与音乐教育》中写道："就我所知，萧先生每逢音专有什么重大措施，都先向蔡先生汇报。蔡先生对萧先生的汇报总是耐心倾听，同意的是频频点头，不明白的就及时发问，听懂了就相视而笑，表示赞赏。他的态度是那么平易近人，虚怀若谷，从来没有看见他有一点架子。"[1]事实也确乎如此。在事关学校发展的一些重要问题和重要时刻，蔡元培总是热心相助。如1930年10月，他给热心音乐教育的

---

[1] 中国蔡元培研究会编：《蔡元培纪念集》，浙江教育出版社1998年版，第469页。

1934年，蔡元培为《美术生活》杂志儿童专号题词。

叶恭绰写信，向他表示：自己虽因事冗，中途离校，而精神所注，仍复一致。目前，国立音乐专科学校因为经费困难，一切建筑、设备，均不能进行。因此，准备成立国立音乐专科学校基金委员会，负责为该校筹募基金，希望他能"鼎力襄助进行"。又如1936年4月23日，蔡元培出席国立音专为庆贺他七十岁华诞而举行的音乐演奏会，他在江湾新校区亲手种植音专赠送给他的一棵大松树，以作永久纪念。正因为蔡元培与国立音乐院及后来的国立音乐专科学校有如此的不解之缘，因此蔡元培被奉为该校的"创办人"。

　　蔡元培创办的另一所艺术院校是国立艺术院。这所学校原来设想为艺术大学，后来因经费原因而改为艺术院。所以在整个筹备过程中，其名称一直为国立艺术大学。可以说，国立艺术大学是紧随着国立音乐院的降生而开始孕育的。在国立音乐院举行开院典礼的同一天，即1927年11月27日上午10时，大学院艺术教育委员会在上海马斯南路98号召开第一次会议。该委员会是大学院下设的9个专门委员会中的一个，专门负责"计划全国艺术教育，及有关艺术之公共建设事宜"，即是大学院制下，全国艺术教育和艺术普及的最高议事和决策机构，美术家林风眠为主任委员。筹备国立艺术大学是此次会议讨论的重要事项。一个月后的12月27日，大学院艺术教育委员会在南京召开第二次会议，通过了蔡元培提交的《创办国立艺术大学之提案》，正式建议大学院在杭州西湖创办国立艺术大学。

杭州西湖国立艺术院旧址。

林风眠（1900～1991）。

这个提案实际上是艺术大学的建校纲领。在提案中，蔡元培深刻阐述了创办国立艺术大学的重要性。他指出："美育为近代教育之骨干。美育之实施，直以艺术为教育，培养美的创造及鉴赏的知识，而普及于社会。是故东西各国，莫不有国立美术专门学校、音乐院、国立剧场等之设立，以养成高深艺术人才，以谋美育之实施与普及，此各国政府提倡美育之大概情形也。"而在中国，当时只有一所国立艺术学校——创设于1918年的北京艺术专门学校。这所学校几经官僚把持，军阀摧残，已不成其为艺术学校，况且经费困难，机构组织很不完善。因此，在长江流域设立一所国立艺术大学，以资补救，而便提倡，乃是"教育当务之急"。

关于国立艺术大学选址杭州西湖的缘由，蔡元培在提案中是这样说的："美育之目的，在陶冶活泼敏锐之性灵，养成高尚纯洁之人格，故为达到美育实施之艺术教育，除适当之课程外，尤应注意学校的环境，以引起学者清醇之兴趣、高尚之精神。故校舍应择风景都丽之区，建筑应取东西各种作风之长，而以单纯雄壮为条件，期与天然美相调和，而切于实用。"杭州西湖，不仅山水清秀，逶迤数百里，而且还建有许多规模宏丽

蔡元培手书国立艺术院校名条石。

杭州西湖畔国立艺术院旧址的蔡元培（坐者）与林风眠（站者）铜像。

的庙宇。因此，环顾国内各地，国立艺术大学的校址，"最适宜者，实莫过于西湖"。蔡元培还乐观地前瞻，将来如果将湖滨一带，都划归艺术大学管理，在此设立美术馆、音乐院、剧场等设施，建成一个艺术区，其对于社会、艺术的影响，将更为深远。

提案也规划了艺术大学的系科设置，提出两种设想：一是五院制，即设立国画院、西画院、图案院、雕塑园、建筑院；一是四院制，即国画院和西画院合并为绘画院，再加上雕塑园、建筑院和工艺美术院。无论是五院制还是四院制，都反映了蔡元培中西兼容的艺术教育思想。在五院或四院之上，设立研究院。规定凡本院四年级高才生以及校外有艺术天才的私立艺术学校的学生，都可以报考；本院5年修业期满，毕业考试合格者，则可以自由申请入院深造。这也是蔡元培重视学术研究思想的体现。

1928年3月20日前后，国立艺术院在杭州西湖哈同花园正式开学上课。哈同花园是犹太富商哈同为其中国妻子罗迦陵建造的一座名园，所以又称"罗苑"。林风眠任院长兼西画教授，林文铮任教务长兼美术史教授。4月9日，国立艺术院举行开学典礼，蔡元培应邀参加，发表了题为《学校是为研究学术而设》的重要演说。演说由后来成为著名雕塑家的刘开渠记录，发表于4月16日《中央日报》"艺术运动"副刊。在演说中，蔡元培除了进一步阐述艺术院设立的重要性，以及选址在西湖的理由之外，特别强调"艺术纯以创作为主"。他指出："大学院设立艺术院，纯粹为提倡此种无私的、美的创造精神。所以艺术院不在学生多少，而在能创造。能创作，就是一个学生也可以。不能创作，一百、一千个学生也没有用。"因此，一方面，他要求艺术院的教职员不仅自己能创作，而且还必须带领学生搞创作。另一方面，他也要求艺术院的学生必须跟着教职员搞创作，否则，应该离开艺术院，到别处去，而不要妨碍别人搞创作。总之，在蔡元培看来，"艺术院是纯为艺术的，有天才能创作的学生，一万不为多，一个不为少"。

蔡元培塑像（刘开渠制作）。

　　蔡元培在大学院院长任上创办的这两所艺术院校，即国立音乐院和国立艺术院，穿越历史的时空，名称虽屡有变更，但薪火相传，办学一直没有中断。前者即是现在上海音乐学院的前身，后者即是现在中央美术学院的前身。在历史的进程中，数十年来，这两所艺术院校及它们的后继者，为中国培养了数以万计的音乐和美术专门人才，为我国的艺术教育和艺术事业作出了重大的贡献。

创办国立劳动大学

　　作为实施教育劳动化的重要举措，大学院在上海江湾创办了国立劳动大学。创办一所国立劳动大学，最初是由中央教育行政委员会提议的，蔡元培被认为是"劳动大学发起人"。1927年5月9日，国民党中央政治会议第90次会议批准了这个提议，决定以上海江湾模范、游民两家工厂的旧址，创办国立劳动大学，并委派蔡元培、张静江、李石曾、褚民谊、金湘帆、许崇清、严慎于、匡互生等为筹备员。5月13日，国立劳动大学筹备委员会正式成立。随后，蔡元培多次出席该筹备委员会的会议，积极推进筹备工作。如5月19日，决定即日开始先筹办劳工学院，实习工厂定名为"劳动大学劳工学院上海模范工厂"。6月9日，通过《劳动大学劳工学院组织大纲》，并决定聘任沈仲九为劳工学院院长。8月20日，通过《国立劳动大学组织大纲》，以及经费预算草案。大学院正式成立后，更是将此视为一项重要的改革举措，蔡元培在多次演讲中都说到它。如1927年11月12日，在暨南大学所作的《中国新教育的趋势》演讲中，他说道：现在大学院创办劳动大学，分为劳工学院、劳农学院，收中学、小学的毕业生，入劳动大学读书，养成做工的习惯；又有工人学校，使劳工得些知识，如这样的学校，以后还希望逐渐地添办起来。

关于创办劳动大学的意义，1930年4月19日，蔡元培在国立劳动大学所作的《劳动大学的意义及劳大学生的责任》的演说中，将之概括为两个字——"革命"。在他看来，自从中国学习外国教育制度以来，建立了甲种农业学校、工业专门学校，以及大学的农科和工科等，但是进入这些学校读书的人，"专以书本为本，不做实际工作"。结果，农民子弟入学读了书，回到家里，竟看不起自己的父兄；工人子弟读了书，毕业后去做管理工、农的事，或做与工、农毫无关系的事。创办劳动大学的目的就是要改变这种状况，使来这里读书的人明白，"他们的功课，专门注意于实际工作，课堂工作不过是辅助而已"。正是在这个意义上，他认为创办劳动大学，"可以说是一个革命"[1]。有鉴于此，他提出劳动大学学生的责任就是做实际工作，就是做工。不但劳

[1] 中国蔡元培研究会编：《蔡元培全集》(第6卷)，浙江教育出版社1997年版，第487页。

易培基（1880～1937）。

工学院、劳农学院如此，就是社会科学院的学生也应该如此。这是因为：劳动大学办社会科学院，是要培养实际知道农、工困难问题的人，使其能够走入农、工群众中，与他们一道，运用所学的学理，为其同业工人解决一切问题，定政策，设方法，改善他们的生活状况，所以社会科学院的学生也应该做工。

国立劳动大学的校长是易培基，学校设有劳工、劳农和社会科学三院，后来又附设中学、小学。它存在的时间不长，1927年10月开始招生，毁于1932年"一·二八"事变的炮火。因此，它的影响不大，远没有前面提到的两所国立艺术院校那么著名。然而，国立劳动大学是我国第一所劳动大学，也是南京国民政府成立后创建的最早的国立大学之一，在中国教育史上应该有其地位。同时，创办劳动大学的初衷，以及强调学生做实际工作的思想，对于加强当前青少年学生的劳动教育，培养他们的劳动习惯，也具有重要的启迪。

主张教育独立

前文已述,蔡元培试行大学区制,从思想渊源上说是受到了法国教育行政制度的影响。但深究其根源,则是教育独立思想。1922年3月,蔡元培发表《教育独立议》一文,在集中阐述了教育独立思想的两个基本观点之后,他拟订了一个可以实行这种"超然的教育"的具体办法,这个办法的核心就是试行大学区制。他写道:分全国为若干个大学区,每区立一所大学;凡中等以上各种专门学术,都可以设在大学里面,一区以内的中小学教育,与学校以外的社会教育,如通信教授、演讲团、体育会、图书馆、博物院、音乐、演剧、影戏,以及其他成年教育、盲哑教育等等,都由大学办理。大学的事务,由大学教授组成的教育委员会主持。大学校长,也由委员会选出。由此可知,大学区制只是实施教育独立的具体办法,而教育独立思想才是大学区制真正的灵魂。

教育独立是20世纪二三十年代一种曾产生广泛影响的重要教育思潮。它发端于教育经费独立,进而又提出教育立法独立,教育行政独立,以及教育独立于政党、独立于教会等主张。蔡元培是教育独立思潮的代表人物。他赞同教育经费独立。如在大学院院长任上,曾与时任建设部部长的孙科,于1927年12月22日,联名向南京国民政府提交《提议教育经费独立案》。提案指出:教育为国家根本,只有经费有了保障,全国教育才无废弛停顿之虞。因此,他们要求:教育经费必须与军政各费完全划开;国家一切教育收入,包括各省学校专款,以及各种教育附税,都应该永远悉数拨归教育机关保管,实行教育会计独立制度,不准丝毫拖欠,亦不准擅自截留挪用。不仅如此,蔡元培还提出了教育独立思想的两个基本命题,即主张教育独立于政党和独立于教会。

教育为什么要独立于政党和独立于教会呢?蔡元培认为,教育的本意是帮助被教育的人,给他能够发展自己的能力,完成他的人格,于人类文化上能尽一分子的责任;而不是把被教育的人,造成一种特别的器具,给抱有某种目的的人去应用的。"所以,教育事业当完全交与教育家,保有独立的资格,毫不受各派政党或各派教会的影响。"[1]

具体而言,在蔡元培看来,教育之所以应该独立于政党,主要有以下三点理由:首先,教育是要均衡地发展人的个性与群性,而政党是要制造一种特别的群性,去抹杀个性。例如,鼓励人民亲善某国,仇视某国;或用甲民族的文化,去同化乙民族,这种政策,"若参入教育,便是大害"。其次,教育是求远效的,它的成效不是一时就能达到的,中国古书上说一年之计树谷,十年之计树木,百年之计树人,说的便是这种意思。而政党的政策是求近功的。再次,也是最直接的,是政权不稳。政党掌握政权,往往不出数年,便要更迭。"若把教育权也交与政党,两党更迭的时候,教育方针也要跟着改变,教育就没有成效了。"正因为这样,他的结论是:教育事业不可不超然于各派政党以外。

同样,教育与教会也是互不相容的。蔡元培指出,教育是进步的,凡是学术,总是后胜于前,因为后人总是在前人成绩的基础上前进的;而教会是保守的,因为无论怎样尊重科学,一到《圣经》的成语,便绝对不许批评。教育又是共同的。英国的学生可以读阿拉伯人所作的文字,印度的学生可以用德国人所造的仪器,没有什么界限;而教会的差别很大,不但基督教与回教、回教与佛教不同,而且基督教里面,又有天主教与耶稣教的区别。即使在耶稣教里面,又有长老会、浸礼会、美以美会等各种派别,彼此谁真谁伪,永无定

---

[1]高平叔编:《蔡元培全集》(第4卷),中华书局1984年版,第177页。

晚年的蔡元培与夫人周峻合影。

论。因此各国宪法中，都有"信仰自由"的条文。"若是把教育权交与教会，便恐不能绝对自由。所以，教育事业不可不超然于各派教会以外。"[1]

由上可见，蔡元培从教育的目的在于培养人、发展人的能力、完成人格这个思想出发，分析了教育与政党、教育与教会的对立，从而得出了教育独立思想的两个基本观点，即教育超然于政党，超然于教会，主张教育事业应当完

---

[1] 高平叔编：《蔡元培全集》（第4卷），中华书局1984年版，第178页。

写作中的蔡元培。

本书作者与蔡元培之子蔡英多先生（右）在北京大学合影。

全由教育家办理。不难发现，蔡元培教育独立思想的实质，是要求摆脱军阀政府对教育的控制，反对外国列强和教会对我国教育的渗透，使中国的教育事业能够按照教育家的愿望与要求，独立、自主地发展，这在当时无疑具有一定的进步意义，并且在实际中也确实产生了积极影响。然而，作为一种教育思想，主张教育脱离政党而独立，显然有失偏颇。它不仅在理论上站不住，在实际中也难以行得通。

后 记

　　我自20世纪80年代中期
开始从事蔡元培研究以来，
已经走过了近三十个年头。
其间，曾先后写过两本有关
教育家蔡元培的书。一本是
《蔡元培教育思想研究》（辽
宁教育出版社1994年版），
另一本是《思想自由，兼容并
包：北京大学校长蔡元培》

2008年5月，本书作者出席在北京大学举行的"蔡
元培先生诞辰140周年纪念大会"。

（山东教育出版社2004年版）。因此，本书是我撰写的第三本有关教育家蔡
元培的书。

　　相比较于上述两本书，本书作为《20世纪中国教育家画传》丛书中的一
种，着重在以下三个方面作了积极探索：

　　其一，本书以历史发展为时序，以丰富的史实为依据，透过蔡元培主要的
生平事迹、教育实践活动和担任的重要教育职务，展示蔡元培丰富多彩的教育
人生，博大精深的教育思想和教育理念，凸显蔡元培别具一格的教育家精神。

　　其二，本书结合蔡元培所处时代的社会和教育背景，以中国教育现代化
发展为视角，客观分析蔡元培在改革中国教育过程中的所思所想，所作所为，

实事求是地评价蔡元培对中国近代教育发展所作的贡献，深刻揭示蔡元培教育思想的历史价值和现实意义。

其三，本书精选有关教育家蔡元培的图片一百余幅，分插于全书各个部分，与相应的文字匹配，形成以文带图、图文并茂、相得益彰的格局，力求增强本书的直观性、可读性。

承蒙《20世纪中国教育家画传》丛书主编、中央教育科学研究所研究员储朝晖博士的信任，将本书列入这套书的撰写和出版计划；年轻朋友范远波、阎乃胜、李瑛、欧七斤、崔青松，或帮助收集资料，或核对引文，或制作图片。在此，谨向上述各位所给予的各种形式的支持和帮助，表示衷心感谢。此外，对本书所有被征引的资料和图片的著作者一并表示深切的谢意和崇高的敬意。

自改革开放以来，蔡元培研究取得了长足进步，出版了不少蔡元培的传记著作。其中不乏学术水平高，受到学术界好评和读者欢迎的佳作。然而，蔡元培教育画传著作却并不多见。作为一种新的尝试，本书虽已经尽了力，但缺点和不足难免，恳请方家和读者批评指正。

金林祥

2011年6月于华东师范大学

把教育办得更好

（代跋）

储朝晖

提倡教育家办学是提升中国教育品质的必由路径，令人遗憾的是，近三十年对教育的实地调查使我深感无论是在教育业内还是整个社会，对教育家的认识都是极度模糊的。

在我心存为解决这一问题做点什么的愿望时，四川教育出版社前任社长安庆国先生说他一直想出版一套《20世纪中国教育家画传》丛书而未能如愿。于是，我们决定合力将这件事做好，以期对传承、传播教育家的办学理念，促进教育家办学有所裨益。这便是这套丛书编写和出版的缘起。

在丛书编写和与各卷作者交流的过程中我体会到，一个时代是否有教育家是与两个方面相关的：一是这个时代是否需要教育家；二是这个时代是否具有产生教育家的环境。可以说任何时代都有具有教育家潜能和品质的人，但只有独立思考，并能依据其独立思考自主实行教育教学的人，才能成为教育家。因此，凡是学人能够自主的时代，出现教育家的概率就高；而在学人不能自主的时代，就不会出现教育家。如果真的期望教育家出现，就要创造教师能够自主教学，学生能够自主学习，校长能够自主办学的社会与制度环境，否则就不可能出现真正的教育家，也不可能培养出杰出人才。

教育家的认定最可靠的方式是社会认同，获得较高社会认同的教育从业者，能被社会高度认同为教育家的人就是教育家。当今尚不存在哪个专家或某个机构具有确认教育家的资质。限于条件，这套丛书还不能对所选传主通过全民投票的方式来确定，但所选的十位传主确是经过教育史专业的学者海选而产生的，他们选出了王国维、蔡元培、陶行知、张伯苓、胡适、梅贻琦、黄炎培、徐特立、陈鹤琴、晏阳初，在20世纪中国教育史上，他们发挥的教育家作用是毋庸置疑的。令我们感到惊诧的是，他们在那个年代就已经相互认识，大都有过直接交往，其中一些人之间还是挚友，这应是志同道合使然。

除了外部认同，教育家必备的内部品质有三种：一是博爱之心，执著地爱学生、爱教育工作、爱人类未来的发展；二是独立思考和不懈求新，教育已经是数千年的专业工作，不能独立思考和创新的人是难以成为教育家的；三是有从事教育工作的专业潜质，能敏锐地发现教育问题，并以独特的思考和行为解决问题。有了这三种品质，在外部条件许可的情况下就会产生诸如教育思想、办学业绩、论著等结果。

是否称得上教育家，最根本的是看他是否教人做人，能否依据学生不同的潜能、个性和志向培养出值得他自己崇拜的人。一个人的学业成绩仅仅是他成长发展的一个方面，学业成绩高并不一定就发展得好，教出考试成绩高的学生也不是教师成为教育家的垫脚石。近三十年来有不少学生得了各类国际奥林匹克奖，却未能成长为相关领域真正的专家。陶行知主张办知情意合一的教育，有一段很有针对性的话："知情意三者并非从割裂的训练中可以获取。书本教育也许可以使儿童迅速获得许多知识，神经质的教师也许可以使儿童迅速地获得丰富的感情，专制的训练也许可以使一个人获得独断的意志，但我们何所取于这样的知识，何所取于这样的感情，何所取于这样的意志？知情意的教育是整个的，统一的。知的教育不是灌输儿童死的知识，而是同时引起儿童的社会兴趣与行动的意志。感情教育不是培养儿童脆弱的感情，而是调节并启发儿童应有的感情，主要的是追求真理的感情；在感情之调节与启发中使儿童了解其意义与方法，便同时是知的教育；使养成追求真理的感情并能努力与奉行, 便同时是意志教育。意志教育不是发扬个人盲目的意志, 而是培养合于社会及历史发展的意志。合理的意志之培养和正确的知识教育不能分开, 坚强的意志之获得和一定情况下的情绪激发与冷淡无从割裂。现在我们要求在统一的教育中培养儿童的知情意, 启发其自觉, 使其人格获得完备的发展。"[1] 坦率地说, 现在不少学校的学生成绩就是以割裂的方式获取的, 这样的学校教育就不能说是真正在教育人, 也不可能造就出教育家。如果不能走出这个误区, 教育家的出现就永远只能是梦想, 教育家办学就只会蹈空。

中外历史上所有教育家的人生旅程都是历经波折、艰难求索的过程, 他们虽未自称是教育家, 却都在青年时期就有高远的志向, 如孔子"十有五而志于学"、陶行知"要让每个中国人都受到教育", 都是普通而又高远的追求。为了实现人生目标, 他们不畏权势、不为名利, "捧着一颗心来, 不带半根草去", 贫贱不移、富贵不淫、威武不屈、美人不动。教育家的出现首先需要有尊道抑势、以人类发展进步为己任的大胸怀, 需要终生不辍的求索和行动。

教育家群体的出现需要有适宜的制度与社会环境, 要让有教育家天赋的人敢想、敢干, 能想、能干, 这种社会条件往往不是一个人、一个机构、一个政策所能创造的。从现实状况看, 教师的自主性和创造性未能得到充分发挥确是现有教育管理体制的缺陷, 而改变现有体制使更多的人能遵循教育内在规律更高效地工作, 就是应该尽快解决的实际问题。

这套丛书突出传主的教育思想、办学理念、办学实践, 尤其凸显传主的教育家精神, 希望真正激励一批有志教育的人成为教育家, 切实有效地推动中国的教育家办学进程。

---

[1] 陶行知:《育才学校教育纲要草案》,《陶行知全集》(第4卷), 四川教育出版社2009年版, 第382~383页。

这一想法的实施是一项艰巨的任务。黄延复先生因与我都有弘扬大学精神的共同心愿而成为忘年之交,在《梅贻琦画传》的写作过程中,我俩仅打过几次电话,便能对对方的想法灵犀相通。在他的指导下,青年学者钟秀斌领悟得很到位,花一年多时间完成了《梅贻琦画传》书稿。年近八旬的戴永增先生,二十多年如一日地进行徐特立研究,我俩因此而成为无话不说的老朋友。说起徐特立,他就像做专题报道,滔滔不绝、如数家珍。为了《徐特立画传》的编写,他亲自找到北京理工大学郭大成书记,要求将这一工作列为该校的一个科研项目;同时他再三鼓励、全力帮助以靳贵珍老师为主的青年学者写作,提携后辈不遗余力。当书稿完成后他在电话中明确坚定地告诉我自己不署名。同样,华东师范大学中国史学研究所房鑫亮教授对《王国维画传》的写作给予大力支持,一开始就明确表示愿意以《王国维全集》的编辑工作为基础,指导徐旭晟博士完成书稿,但自己坚决不署名。这本身就是本套丛书所追求的精神境界之一。

对本套丛书给予直接帮助的个人和团体还有:中国人民大学教授程方平,中国教育研究院徐卫红、夏辉映,北京师范大学教授顾明远、孙邦华,北京理工大学教育研究院,在此一并致谢。此外,由于本套丛书参考的文献浩繁,标注的引文及参考文献或属挂一漏万,对于这种情况,我们在此一并致歉并致谢!

在本套丛书即将出版之际,真诚感谢对各位传主研究有素的专家乐意担任各分册作者。在这个作者队伍当中,既有与我交往数十年的老朋友,也有为完成这次任务而结识的新朋友。在编写和出版这套丛书的基本理念上,我们在认识上高度一致,在情感上高度愉悦,遇到各种困难能够设法克服,较好地保证了这套丛书的内容深度和质量。在此,尤其要感谢前辈学者黄延复、宋恩荣、梁吉生、戴永增、金林祥诸位先生,他们有人和我交谈时说这次的写作是绝笔之作,更令我肃然起敬且感到难以担当,但愿我们的真诚能有助于读者更好地领会各位教育家的精神真谛，碰撞出当今社会更多的真诚，把教育办得更好。

四川教育出版社现任社长雷华、总编辑胡宇红、副社长李晓翔和王积跃对整套书的出版给予了大力支持；张纪亮主任和各位责任编辑为丛书出版花费了大量精力；同时我的爱人胡翠红做了大量资料查阅、梳理工作。在此一并致以诚挚的谢意！

尽管本人及各位作者在写作时尽了最大努力，但丛书的缺点和不足在所难免，恳请方家和读者批评指正，所提意见可直接发到我的邮箱：chu.zhaohui@163.com，在此先致谢忱。

2012年3月28日